Wörlen Grundzüge des Privatrechts
Band II (Teilband 2)

Grundzüge des Privatrechts

Eine Einführung für Studierende der Wirtschafts-
wissenschaften, insbesondere an Fachhochschulen

Band II

Grundbegriffe des Schuldrechts

Teilband 2: Besonderes Schuldrecht

Von Dr. iur. Rainer Wörlen

Professor an der Fachhochschule Köln

2., überarbeitete und verbesserte Auflage

Carl Heymanns Verlag KG Köln · Berlin · Bonn · München

Die Deutsche Bibliothek – CIP- Einheitsaufnahme

Wörlen, Rainer:
Grundzüge des Privatrechts: Eine Einführung für Studierende der Wirtschaftswissenschaften, insbesondere an Fachhochschulen / von Rainer Wörlen – Köln; Berlin; Bonn; München: Heymann.

Bd. II: Grundbegriffe des Schuldrechts, Teilband 2. Besonderes Schuldrecht. – 2., überarb. u. verb. Aufl. 1994
ISBN 3-452-22859-2

ISBN 3-452-22859-2

Satz: John + John, Köln

Druck: Grafik + Druck, München

Vorwort zur zweiten Auflage*

Der erfreuliche Absatz von Band I (»Einführung in das Recht und Allgemeiner Teil des BGB«) sowie der Vorauflage dieses Bandes II meiner »Grundzüge des Privatrechts«, denen inzwischen die Bände III–V (vgl. Literaturverzeichnis) folgen konnten, hat gezeigt, daß das inhaltliche und didaktische Konzept des Werks großen Anklang gefunden hat. Dies gilt gleichermaßen für Studierende der Wirtschaftswissenschaften an Fachhochschulen und Universitäten sowie für juristische Studienanfänger, die einen leicht zugänglichen Einstieg in Teilrechtsgebiete des Privatrechts suchen. Dies gilt aber auch für viele Kolleginnen und Kollegen, denen ich eine Reihe von anerkennenden Rezensionen verdanke, woraus sich eine rege Korrespondenz ergeben hat. Eine Vielzahl von berichtigenden und ergänzenden Hinweisen habe ich gern und dankbar aufgenommen und kurze *Ergänzungen* zu folgenden »Stichworten« eingefügt: Allgemeine Geschäftsbedingungen, Haftung für »Zufall« beim Schuldnerverzug, Reform des deutschen Schuldrechts, Factoring, Franchising, Reisevertragsrecht, Produzenten- und Produkthaftung, Haftung für Umweltschäden sowie Drittschadensliquidation. Dementsprechend wurden auch die jeweiligen Hinweise auf die »Literatur zur Vertiefung« ergänzt, die zudem um einige einführende Aufsätze und Klausur-Fallbearbeitungen aus Zeitschriften erweitert und – wie auch das Literaturverzeichnis – auf den möglichst neuesten Stand gebracht wurde.

Auf die »Literatur zur Vertiefung« verweise ich nicht etwa, weil ich selbst »offenbar Defizite in der systematischen Darstellung« oder in der Gewichtung der vorgestellten Teilrechtsgebiete sehe ...: Ein »Grundriß« kann niemals »vollständig« sein: »Was dem einen zuviel ist, ist dem anderen zu wenig« ...

Eine *wesentliche* Änderung wurde erforderlich durch das Inkrafttreten des neuen Verbraucherkreditgesetzes am 1.1.1991, welches nun-

* **Zur Arbeitsweise mit diesem Buch seien die Studierenden auf die folgenden Auszüge aus dem Vorwort zur 1. Auflage hingewiesen, das unbedingt gelesen und beherzigt werden sollte!**

mehr (mit Hinweisen auf das HausTWG) in einem eigenen Abschnitt anstelle des alten Abzahlungsgesetzes behandelt wird.

Diese Änderung sowie die oben erwähnten Ergänzungen führten dazu, daß der Umfang dieses Buches erheblich zugenommen hat. Daher wurde es erforderlich, das Werk in zwei Teilbände aufzuteilen.

Für eine Vielzahl von wertvollen Anregungen und ihre kritische und hilfreiche Mitarbeit habe ich wieder gerne Frau Prof. Dr. Karin Metzler-Müller von der Verwaltungsfachhochschule in Wiesbaden zu danken!

Herrn stud. rer. pol. Jens Engehausen danke ich für die Hilfe bei der Manuskript-Korrektur sowie für die Schreibarbeiten der notwendigen Änderungen und Ergänzungen.

Für Anregungen und Hinweise aus dem Leserkreis bin ich weiterhin stets offen und dankbar.

Köln, im Oktober 1993 *Rainer Wörlen*

Aus dem Vorwort zur ersten Auflage – zugleich eine Arbeitsanleitung

Der vorliegende Band II meiner »Grundzüge des Privatrechts« basiert wie Band I (»Einführung in das Recht und Allgemeiner Teil des BGB«) auf meinen Arbeitsgemeinschaften für Studienanfänger an den juristischen Fakultäten der Universitäten Würzburg und Freiburg sowie auf meinen Vorlesungen zum »Wirtschaftsrecht« im Fachbereich Versicherungswesen der Fachhochschule Köln. Zum »Wirtschaftsrecht« im Sinne des dort gültigen Studienplanes zählen insbesondere die »Grundbegriffe« des gesamten Bürgerlichen Rechts, wobei der Schwerpunkt selbstverständlich auf den wirtschaftlich relevanteren ersten drei Büchern des BGB liegt, während das Familien- und das Erbrecht nur kurz angesprochen werden. Darüber hinaus erhalten die künftigen Diplom-Betriebswirte im Rahmen ihres Grundstudiums kurze Einführungen in das Handelsrecht (inklusive ein wenig Gesellschaftsrecht) sowie in das Arbeitsrecht.

Im Wintersemester 1990/91 habe ich einen Lehrauftrag »Recht für Wirtschaftswissenschaftler« an der wirtschaftswissenschaftlichen Fakultät der Heinrich-Heine-Universität Düsseldorf durchgeführt. Die Arbeit mit den Studierenden des dortigen Studienganges »Betriebswirtschaftslehre« sowie die ermunternden Rezensionen zu Band I haben gezeigt, daß das *inhaltliche* Konzept dieser Grundzüge für Studierende der Wirtschaftswissenschaften an Fachhochschulen und Universitäten gleichermaßen geeignet ist.

Der in Band I behandelte Stoff wird in diesem Buch als bekannt vorausgesetzt. Im übrigen gilt für das *didaktische* Konzept und das Lernen mit Band II dasselbe wie für Band I:

»Einführungen«, »Grundzüge« und dergleichen haben gemeinsam, daß sie niemals vollständig sein können. So ist es nicht Ziel dieses Buches, die Vielzahl der auf dem Markt befindlichen, zum Teil vorzüglichen und viel umfassenderen Einführungswerke nur um eine andersartige Stoffauswahl zu ergänzen. (Auf einige dieser Werke wird bisweilen unter der Überschrift »Zur Vertiefung« ebenso verwiesen wie auf speziellere Lehrbücher.)

Der *Zweck dieser »Grundzüge«* ist vielmehr ein »didaktisch-pädagogischer«: *Den Studierenden soll der Stoff nicht in einem vortragsähnlichen Monolog nahegebracht werden, sondern – wie es in der praxis- und anwendungsbezogenen Lehre an Fachhochschulen üblich ist – in Form eines »Lehrgesprächs«.* Ihnen soll anhand von zur Thematik hinführenden Fragen oft Gelegenheit gegeben werden, sich *zunächst eigene* Gedanken zu machen, bevor sie die Antworten lesen, die den Stoff lehrbuchartig darbieten.

Bei der Darstellung des Stoffes wird weitgehend die sogenannte »Fall-Methode« angewandt: »Das Recht« wird in der Praxis des täglichen Lebens von Rechtsfällen (Rechtsstreitigkeiten) beherrscht; so liegt es nahe, eine praxis- und anwendungsbezogene Lehre am »Fall« zu orientieren. Ein solcher Fall endet regelmäßig mit einer Frage, und zu dieser Frage sollten die Studierenden bei der Durcharbeitung dieses Buches wiederum – *auch ohne besondere Aufforderung – zunächst eigene Überlegungen* anstellen, bevor sie weiterlesen.

Erfolgreiches Lernen bedeutet schließlich nicht nur **Lesen** und **Nachdenken,** sondern immer und immer wieder: **Wiederholen!** Um den Studierenden Gelegenheit zu geben zu überprüfen, was von dem zuvor im Lehrgespräch Erarbeiteten (bzw. hier Gelesenen) im Gedächtnis haften geblieben ist, werden ihnen am Ende von Teilabschnitten Stoffgliederungsübersichten, Merksätze und Prüfungsschemata dargeboten. Sollte man bei der Lektüre dieser Übersichten feststellen, daß man der Zusammenfassung nicht ohne Schwierigkeiten folgen kann, so sollte man tunlichst zurückblättern, um den Stoff nachzuarbeiten! Gegebenenfalls mache man sich Notizen, um einem »Problem« anhand von vertiefender Literatur nachzugehen.

Juristische »Probleme« werden in diesem Buch ohnehin bewußt nicht erörtert – dies bleibe den Juristen »unter sich« überlassen! Wer sich an der Fachhochschule (aber auch an der Universität) als Wirtschaftswissenschaftler mit »Recht« (gemeint ist dann überwiegend »Privat-« bzw. »Wirtschaftsrecht«) befassen muß, soll nur einen Blick über die Grenze seiner (Wirtschafts-)Wissenschaft werfen; nicht mehr und nicht weniger! In einem juristischen Einführungswerk, das sich in erster Linie an Wirtschaftswissenschaftler wendet – selbstverständlich kann es auch angehenden Juristen einen ersten Einstieg geben –, haben Zitate wie »BGHZ« oder »BGH NJW« ebensowenig zu suchen wie solche von umfangreichen »Klassiker«-Lehrbüchern oder dickleibigen Kommentaren!

Um Mißverständnisse dieser »Kritik« zu vermeiden: Solche Zitate haben *dann* in Einführungswerken wie dem vorliegenden »nichts zu suchen«, wenn sie dazu dienen sollen, die Studierenden zu animieren, einen angesprochenen »Meinungsstreit« zu einem juristischen »Problem« durch die Lektüre dieser Zitate (z.B.: »vgl. dazu Palandt, a.a.O., Vorbem. v. § 459, Rdnr. 2, m.w.N. zum Meinungsstreit«) *nachzuarbeiten!* Das trägt meist eher zur Verwirrung als zur Klärung bei. Zur Nacharbeitung des dargebotenen Stoffes dienen die konkreten Literaturhinweise »Zur Vertiefung« am Ende von Abschnitten innerhalb des *Textes*.

Wenn z.B. »Palandt«, ein sog. »Lehrbuchklassiker«, ein BGH-Urteil, ein ganz spezieller Zeitschriftenaufsatz u.ä. in meinen Fußnoten manchmal dennoch erscheinen, dann nur, um – der Zitierwahrheit entsprechend – zu *belegen*, daß die eine oder andere Passage den Formulierungen dieser zitierten Werke nachempfunden wurde (weil man es selbst treffender nicht mehr ausdrücken kann) . . .

Damit die Studierenden durch die Fußnoten in diesem Buch nicht unnütz vom Lernen abgelenkt werden, empfehle ich, wie folgt zu verfahren:

Betrachten Sie nur die halbfett gedruckten Fußnotentexte als Pflichtlektüre! Den *kursiv gedruckten Fußnoten* sollten Sie nur nachgehen, wenn Sie Zeit und Interesse haben, etwas *mehr* zu erfahren als in den Prüfungen von Ihnen verlangt wird.

Die mager gedruckten Fußnotentexte brauchen Sie überhaupt nicht zu lesen (= »Belege/Zitierwahrheit«).

Schließlich sollen diese »Grundzüge« bei der Stoffvermittlung auch ein wenig an die zivilrechtliche, gutachtliche Denkweise heranführen, deren Beherrschung für die Anfertigung von Prüfungsklausuren geboten ist. Bisweilen wird der Stoff, den ein Fall vermitteln soll, daher in gutachtenähnlicher Form »klausurmäßig« aufbereitet.

Zur Perfektionierung ihrer Klausurentechnik sollten die Studierenden meine (in demselben Verlag erschienene) »Anleitung zur Lösung von Zivilrechtsfällen« durcharbeiten, die sich materiellrechtlich schwerpunktmäßig auf den Allgemeinen Teil des BGB und das Allgemeine Schuldrecht erstreckt.

Es ist kein Zufall, daß in diesem Vorwort so häufig vom *»Arbeiten«* (*Durch*arbeiten, *Nach*arbeiten – auch *Vor*arbeiten kann nicht schaden!) die Rede ist. Es soll ja zugleich eine *Arbeits*anleitung sein!

»Ohne Arbeit kein Erfolg!« oder »Ohne Fleiß kein Preis!« sind nicht etwa Allgemeinplätze, sondern reine Wahrheit, »nichts als die Wahrheit!« Das *Arbeiten* (Synonym: Studieren!) kann dieses Buch, wie auch andere, nicht ersetzen. Es kann und soll die Arbeit aber erleichtern und auflockern!

Bevor Sie mit der Lektüre beginnen, noch ein letzter Ratschlag, der, obwohl eigentlich selbstverständlich, nicht oft genug wiederholt werden kann: **Lesen Sie jede zitierte Vorschrift (=§!) sorgfältig durch;** wenn Sie diesen Band der »Grundzüge« durcharbeiten, ist die ständige Benutzung (Lektüre) eines Textes des

BGB unerläßlich. Ausreichend und empfehlenswert ist die Anschaffung der neuesten Auflage (BGB mit Nebengesetzen) der »Beck-Texte im dtv«, Nr. 5001. Den Hinweis »Lesen!« werden Sie im Text dieses Buches immer wieder finden. Wenn ich die Wichtigkeit der Gesetzeslektüre in meiner »Anleitung zur Lösung von Zivilrechtsfällen« noch mit dem Satz »Die halbe Juristenwahrheit steht im Gesetz« unterstrichen habe, so möchte/muß ich dem noch hinzufügen: *»Die Hälfte aller Fehler in juristischen Anfängerklausuren könnte vermieden werden, wenn die Bearbeiter die zitierten Vorschriften (genauer) lesen würden.«* –

Köln, im März 1991 *Rainer Wörlen*

Inhalt

Verzeichnis der Übersichten

Abkürzungen

(Inkl. Teilband 1)

a.a.O.	am angegebenen Ort
Abs.	Absatz
Abschn.	Abschnitt
ABU	Allg. Bedingungen f.d. Bauwesenversicherung v. Unternehmerleistungen
ABV	Allg. Bedingungen d. Vertrauensschadenversicherung
AbzG	Ges.betr.d. Abzahlungsgeschäfte (Abzahlungsgesetz) v. 16.5.1894 (RGBl. S. 450)
ADAC	Allg. Deutscher Automobilclub
AEB	Allg. Einbruchdiebstahlversicherung
AFB	Allg. Feuerversicherungsbedingungen
AG	Aktiengesellschaft
AGB	Allgemeine Geschäftsbedingungen
AGBG	Ges. z. Regelung d. Rechts d. Allg. Geschäftsbedingungen v. 9.12.1976 (BGBl. I S. 3317)
AHB	Allg. Versicherungsbedingungen f. Haftpflichtversicherungen
AJP	Aktuelle Juristische Praxis (Zeitschrift, Schweiz)
AKB	Allg. Bedingungen f.d. Kraftverkehrsversicherung
AktG	Ges. ü. Aktiengesellschaften u. Kommanditgesellschaften auf Aktien (Aktiengesetz) v. 6.9.1965 (BGBl. I S. 1089)
allg.	allgemein/e(s)/r
Anh.	Anhang
Anm.	Anmerkung
arg.	Argument (argumentum)
Art.	Artikel
AT	Allgemeiner Teil
AtomG	Ges. ü.d. friedliche Verwendung d. Kernenergie u.d. Schutz gg. ihre Gefahren (Atomgesetz) i.d.F.v. 31.10.1976 (BGBl. I S. 3053)
Aufl.	Auflage
AVB	Allg. Versicherungsbedingungen
AVK	Allg. Versicherungsbedingungen d.priv. Krankenversicherung
BBergG	Bundesberggesetz v. 13.8.1980 (BGBl. I S. 1310)
Bd.	Band
bes.	besonder/e/s
BGB	Bürgerliches Gesetzbuch v. 18.8.1896 (RGBl. S. 195)
BGBl.	Bundesgesetzblatt
BGH	Bundesgerichtshof
BGHZ	Entscheidungen des Bundesgerichtshofs in Zivilsachen
BR	Bürgerliches Recht

BRAGO	Bundesgebührenordnung f. Rechtsanwälte v. 26.7.1957 (BGBl. I S. 861, 907)
Bsp.	Beispiel
BT	Besonderer Teil
bzw.	beziehungsweise
c.i.c.	culpa in contrahendo
d.	das/der/des/die
d.h.	das heißt
ders.	derselbe
dies.	dieselben
dtv	Deutscher Taschenbuch Verlag
EG	Europäische Gemeinschaften
EGHGB	Einführungsgesetz z. Handelsgesetzbuch v. 10.5.1897 (RGBl. S. 604; BGBl. III S. 4101-1)
etc.	et cetera
EV	Eigentumsvorbehalt
evtl.	eventuell
EWG	Europäische Wirtschaftsgemeinschaft
f.	für/folgende (Seite)
ff.	folgende (Seiten)
Geb.	Gebühren
gem.	gemäß
G/Ges.	Gesetz
GOA	Geb. ordnung f. Architekten (s. HOAI)
GoA	Geschäftsführung ohne Auftrag
GOÄ	Geb. ordnung f. Ärzte v. 18.3.1965 (BGBl. I S. 89)
GOI	Geb. ordnung f. Ingenieure (s. HOAI)
ggf.	gegebenenfalls
Gl.	Gläubiger
HAR	Handwörterbuch des Agrarrechts
HausTWG	Ges. ü.d. Widerruf v. Haustürgeschäften v. 16.1.1986 (BGBl. I S. 122)
h.M.	herrschende Meinung
HGB	Handelsgesetzbuch v. 10.5.1897 (RGBl. S. 219)
HOAI	Honorarordnung f. Architekten u. Ingenieure v. 17.9.1976 (BGBl. I S. 2085)
HpflG	Haftpflichtgesetz i.d.F.v. 4.1.1978 (BGBl. I S. 146)
Hrsg.	Herausgeber
hrsg.	herausgegeben
HS	Halbsatz

i.d.F.	in der Fassung
i.d.R.	in der Regel
i.e.	im einzelnen
i.S.d.	im Sinne der/des
i.S.v.	im Sinne von
i.V.m.	in Verbindung mit
inkl.	inklusive
insbes.	insbesondere
it.	italienisch
JherJb.	Jherings Jahrbücher für die Dogmatik des bürgerlichen Rechts
JuS	Juristische Schulung
Kfz	Kraftfahrzeug
lat.	lateinisch
LuftVG	Luftverkehrsgesetz i.d.F.v. 14.1.1981 (BGBl. I S. 61)
m.w.N.	mit weiteren Nachweisen
NJW	Neue Juristische Wochenschrift
Nr.	Nummer
o./od.	oder
obj.	objektiv
p.V.V.	positive Vertragsverletzung
PflVG	Ges. ü.d. Pflichtversicherung f. Kraftfahrzeughalter (Pflichtversicherungsgesetz) v. 5.4.1965 (BGBl. I S. 213)
Pkw.	Personenkraftwagen
priv.	privat/e/r
ProdHaftG	Ges. ü.d. Haftung f. fehlerhafte Produkte (Produkthaftungsgesetz) v. 15.12.1989
Rdnr.	Randnummer
RGBl.	Reichsgesetzblatt
S.	Satz/Seite
Sch.	Schuldner
SchR	Schuldrecht
sog.	sogenannt/e/r
Sp.	Spalte
StGB	Strafgesetzbuch i.d.F.v. 2.1.1975 (BGBl. I S. 129)
StPO	Strafprozeßordnung i.d.F.v. 7.1.1975 (BGBl. I S. 129)
StVG	Straßenverkehrsgesetz v. 19.12.1952 (BGBl. I S. 837)
StVO	Straßenverkehrsordnung v. 16.11.1970 (BGBl. I S. 1565; 1971 I S. 38)

ü.	über
überarb.	überarbeitet
u.	und/unter
u.a.	unter anderem
UmweltHG	Umwelthaftungsgesetz v. 20.12.1990 (BGBl. I S. 2634)
u.s.w.	und so weiter
Urt.	Urteil
v.	von/vom
Var.	Variante
verb.	verbessert(e)
VerbrKrG	Verbraucherkreditgesetz v. 17.12.1990 (BGBl. I S. 2840)
vgl.	vergleiche
Vorauss.	Voraussetzung/en
Vorbem.	Vorbemerkung
VuR	Verbraucher und Recht
VVG	Ges. ü.d. Versicherungsvertrag (Versicherungsvertragsges.) v. 30.5.1908 (RGBl. S. 263)
V.zg.D.	Vertrag zugunsten Dritter
WGG	Wegfall der Geschäftsgrundlage
WHG	Ges.z. Ordnung des Wasserhaushaltes (Wasserhaushaltsgesetz) i.d.F.v. 16.10.1976 (BGBl. I S. 3017)
z.	zur/zum
z.B.	zum Beispiel
ZPO	Zivilprozeßordnung v. 30.1.1877 (RGBl. S. 83)
ZR	Zivilrecht (bei Gerichtsurt.: Zivilrechts-Senat)

Literatur

(Inkl. Teilband 1)

Alpmann und Schmidt	(Juristische Lehrgänge) Schuldrecht AT 1, 1992; Schuldrecht AT 2, 1992; Schuldrecht BT 1, 1992; Schuldrecht BT 2, 1992; Schuldrecht BT 3, 1993; Schuldrecht BT 4 1991
Bähr, Peter*	Grundzüge des Bürgerlichen Rechts, 8. Aufl. 1991
Belke, Rolf O.*	Die Prüfung Allgemeiner Geschäftsbedingungen in der Klausur, in: JA 1988, S. 475 ff.
Bender, Rolf	Das Verbraucherkreditgesetz, in: VuR 1991, S. 197 ff.
Beuthien/Hadding/ Lüderitz/Medicus/ Wolf	Studienkommentar zum BGB, Erstes bis Drittes Buch, 2. Aufl. 1979
Bickel, Dietrich*	Das zerstörte Speiseservice, in: Jura 1990, S. 592 ff.
Brox, Hans	Allgemeiner Teil des Bürgerlichen Gesetzbuches, 17.Auflage 1993
ders.	Allgemeines Schuldrecht, 20. Aufl. 1992
ders.	Besonderes Schuldrecht, 18. Aufl. 1992
Bülow, Peter	Das neue Verbraucherkreditgesetz, in: NJW 1991, S. 129 ff.
Bundesminister der Justiz (Hrsg.)	Abschlußbericht der Kommission des Schuldrechts, Bundesanzeiger (Köln) 1992
Coester, Michael	Verbraucherschutz bei drittfinanzierten Geschäften (§ 9 VerbrKrG), in: Jura 1992, S. 617 ff.
Creifelds, Carl*	Rechtswörterbuch, 11. Aufl. 1992
Deutsch, Erwin	Unerlaubte Handlungen, Schadenersatz und Schmerzensgeld, 2. Aufl. 1993
ders.	Das Recht der Gefährdungshaftung, in: Jura 1983, S. 617 ff.
Duden u.a. (Hrsg.)	Duden »Fremdwörterbuch«, 5. Aufl. 1990
*Ehmann/Breitfeld**	Der mißglückte Vasenkauf, in: Jura 1992, S. 539 ff.
dies.	Emma und Anna, in: Jura 1993, S. 208 ff.
Emmerich, T./*Sellert**	Der Jubiläumskorn, in: Jura 1989, S. 310 ff.

Emmerich, Volker	BGB-Schuldrecht, Besonderer Teil, 6. Aufl. 1992
ders.	Das Verbraucherkreditgesetz, in: JuS 1991, S. 705 ff.
Engelhard	Zu den Aufgaben einer Kommission für die Überarbeitung des Schuldrechts, in: NJW 1984, S. 1201 ff.
Esser/Schmidt	Schuldrecht, Allgemeiner Teil, Teilband 1, 7. Aufl. 1992
dies.	Schuldrecht, Allgemeiner Teil, Teilband 2, 7. Aufl. 1993
Fikentscher, Wolfgang	Schuldrecht, 8. Aufl. 1992
Gernhuber, Joachim	Bürgerliches Recht, 3. Aufl. 1991
Großmann-Doerth, H.	Selbstgeschaffenes Recht und staatliches Recht, 1933
Gursky, Karl-Heinz	Schuldrecht, Besonderer Teil, 1990 (Nachtrag 1991)
Hacks/Ring/Böhm	Schmerzensgeld-Beträge, 16. Aufl. 1993
Hartwig, Horst*	Besondere Schuldverhältnisse mit Hinweisen auf den Zivilprozeß, 2. Aufl. 1978
Hirsch, Christoph	Allgemeines Schuldrecht, 1990
Jauernig/Schlechtriem/Stürner/Teichmann/Vollkommer	Bürgerliches Gesetzbuch, Kommentar, 6. Aufl. 1991
Kirchner, Hildebert	Abkürzungsverzeichnis der Rechtssprache, 4. Aufl. 1993
Köhler, Helmut	BGB-Allgemeiner Teil, 21. Auflage 1991
Klunzinger, Eugen*	Einführung in das Bürgerliche Recht, 4. Aufl. 1991
Kötz, Hein	Deliktsrecht, 5. Aufl. 1991
Lackner, Karl	Strafgesetzbuch mit Erläuterungen, Kommentar, 20. Aufl. 1993
Larenz, Karl	Lehrbuch des Schuldrechts, Bd. I.: Allgemeiner Teil, 14. Aufl. 1987
ders.	Lehrbuch des Schuldrechts, Bd. II: Besonderer Teil, 1. Halbband, 13. Aufl. 1986
Leßmann, H.*	Einführung und Überblick zum Recht der unerlaubten Handlungen, in: JA 1988, S. 57 ff.
*ders.**	Grundtatbestände der unerlaubten Handlungen, in: JA 1988, S. 237 ff.

Löwe, Walter	Das Gesetz zur Regelung der Allgemeinen Geschäftsbedingungen (AGB-Gesetz), in: JuS 1977, S. 421 ff.
Löwisch, Manfred*	Schuldrecht – Allgemeiner Teil, 2. Aufl. 1982
*ders.**	Vertragliche Schuldverhältnisse, 2. Aufl. 1988
Medicus, Dieter	Bürgerliches Recht, 16. Aufl. 1993
ders.	Schuldrecht I, Allgemeiner Teil, 7. Aufl. 1993
ders.	Schuldrecht II, Besonderer Teil, 5. Aufl. 1992
ders.	Das Verbraucherkreditgesetz, in: Jura 1991, S. 561 ff.
Meier-Rudolph/Wörlen	Rechtsfolge- und Rechtsgrundverweisungen im BGB, in: JA 1982, S. 450 ff.
Merle, Werner*	Der unsorgfältige Elektriker, in: Jura 1990, S. 536 ff.
Musielak, Hans-Joachim*	Grundkurs BGB, 3. Aufl. 1992
Palandt (Hrsg.) u.a.	Bürgerliches Gesetzbuch, Kommentar, 52. Aufl. 1993
Reinicke/Tiedtke	Gesamtschuld und Schuldsicherung, 2. Aufl. 1988
dies.	Kaufrecht, 5. Aufl. 1992
Schimikowski, Peter	Haftung für Umweltrisiken, 1991
Schmelzeisen, Gustav Klemens*	Übungen im bürgerlichen Recht für Anfänger und Studenten der Rechtswissenschaften, 4. Aufl. (von Hans Wolf Thümmel) 1981
Schmitz Günther	Grundfälle zum Recht der Leistungsstörungen, 2. Teil: Die Unmöglichkeit, in: JuS 1979, S. 297 ff.
*Schreiber/Fiebig**	Der Sturz in den Fahrstuhlschacht, in: Jura 1992, S. 488 ff.
Schünemann, Wolfgang B.	Wirtschaftsprivatrecht, 1991
Schulte, Hans	Grundkurs im BGB, Bd. 2, 3. Aufl. 1992
Schwab, Dieter	Einführung in das Zivilrecht, 11. Aufl. 1993
*Schwind/ Hassenpflug/ Nawratil**	BGB leicht gemacht, 23. Aufl. 1992
Schwintowski, H.-P.	Das neue Verbraucherkreditgesetz – Sozialpolitische Instrumentierung des Privatrechts?, in: JA 1992, S. 33 ff.

Sonnenschein/Weitemeyer	Probleme mit der Studentenbude, in: Jura 1993, S. 30 ff.
Storm, Peter-Christoph	Art. Umweltrecht, in: HAR (vgl. Abkürzungsverzeichnis), hrsg. von V. *Götz*, K. *Kroeschell* u. W. *Winkler*, Bd. II, 1982
Stürmer/Koepke/Reischel	Neue EG-Produkthaftpflicht, hrsg.v. Gerling-Konzern Allg. Versicherungen AG, 1988
Taschner/Fritsch	Produkthaftungsgesetz und EG-Produkthaftungsrichtlinien, Kommentar, 2. Aufl. 1990
Wertheimer, Frank*	Die Leistungsstörungen im Bürgerlichen Recht – Einführung mit Fällen, Lösungen und Kontrollfragen –, 1993
*Westermann**	Grundbegriffe des BGB, eine Einführung anhand von Fällen (begründet von Harry Westermann, überarbeitet von Harm-Peter Westermann), 13. Aufl. 1991
Westermann, Harm-Peter	BGB – Schuldrecht, Allgemeiner Teil, 4. Aufl. 1992
Wörlen, Rainer*	Anleitung zur Lösung von Zivilrechtsfällen – Methodische Hinweise und Bearbeitungs-Muster – 4. Aufl. 1993
*ders.**	Grundzüge des Privatrechts, Bd. I: Einführung in das Recht und Allgemeiner Teil des BGB, 3. Aufl. 1993
*ders.**	Grundzüge des Privatrechts, Bd. II: Grundbegriffe des Schuldrechts, Teilband 1: Allgemeines Schuldrecht, 2. Aufl. 1994
*ders.**	Grundzüge des Privatrechts, Bd. III: Grundbegriffe des Sachenrechts sowie Überblick über das Familienrecht und das Erbrecht, 1992
*ders.**	Grundzüge des Privatrechts, Bd. IV: Grundbegriffe aus dem Handelsrecht mit Bezügen zum Gesellschaftsrecht, 1992
*ders.**	Grundzüge des Privatrechts, Bd. V: Grundbegriffe des Arbeitsrechts, 1992
ders./Mentzinis	Zur Reform des deutschen Schuldrechts – Ein Überblick am Beispiel des allgemeinen Leistungsstörungsrechts –, in: AJP 1993, S. 785 ff.

Die für Anfänger besonders geeigneten Werke sind mit einem »*« versehen.

Das Besondere Schuldrecht des Bürgerlichen Gesetzbuches

Einführung

Das »Besondere Schuldrecht«, das vom Gesetzgeber nicht als solches bezeichnet wird, ist – wie oben[1] erwähnt – im siebten Abschnitt des zweiten Buches des BGB (§§ 433–853) geregelt. Bei den dort typisierten »einzelnen Schuldverhältnissen« handelt es sich größtenteils um »vertragliche Schuldverhältnisse«, deren Entstehen vom Willen der beteiligten Parteien abhängig ist. Wie wir im »Allgemeinen Schuldrecht« zur »Vertragsfreiheit«[2] gelernt haben, steht es den Parteien weitgehend frei, die im Besonderen Schuldrecht normierten typischen Rechte und Pflichten durch Vereinbarung zu modifizieren, da die meisten Vorschriften dispositives Recht enthalten[2]. Die Bestimmungen über die »gesetzlichen Schuldverhältnisse«, deren Entstehung bekanntlich[3] nicht vom Willen der Beteiligten, sondern allein von der Verwirklichung des gesetzlich umschriebenen Tatbestandes abhängt, unterliegen nicht der freien Gestaltung durch die Parteien!

Wenn wir oben[3] davon gesprochen haben, daß das Besondere Schuldrecht vier gesetzliche Schuldverhältnisse kennt (§§ 677 ff. = GoA; §§ 701 ff. = Haftung des Gastwirts; §§ 812 ff. = Ungerechtfertigte Bereicherung; § 823 ff. = Unerlaubte Handlungen), so war diese Aussage insofern unvollständig, als hinzuzufügen ist, daß die »Haftung des Gastwirts« gewissermaßen eine Zwitterstellung[4] einnimmt: *Voraussetzung* dafür, daß die Haftungsregeln der §§ 701 ff. eingreifen, ist selbstverständlich ein Vertrag: der Beherbergungsvertrag zwischen Gast und Wirt! Wurde ein solcher geschlossen, wird der Gastwirt nach Maßgabe der §§ 701 ff. ohne seinen Willen Beteiligter des dort geregelten (gesetzlichen) Schuldverhältnisses!

1 **vgl. zur Systematik des zweiten Buches des BGB Teilband 1, 1. Kapitel, II (S. 3 f.) sowie *meine* Grundzüge Bd. I, Erster Teil, 4. Kapitel, S. 41 ff.**
2 **vgl. Teilband 1, S. 11 ff.**
3 **vgl. Teilband 1, S. 29 ff.**
4 vgl. auch *Medicus*, SchR II, § 71 II

Die Einteilung und Darstellung der »Besonderen Schuldverhältnisse« in diesem Buch berücksichtigt zunächst die Unterscheidung[5] von »vertraglichen und »gesetzlichen Schuldverhältnissen« und ist innerhalb der »vertraglichen Schuldverhältnisse« im wesentlichen nach der Art der versprochenen Leistung – sei sie unentgeltlich oder gegen Entgelt – ausgerichtet[6]. Die Reihenfolge der Darstellung lehnt sich dabei, unabhängig davon, ob es sich um einseitig, unvollkommen zweiseitig oder gegenseitig verpflichtende vertragliche Schuldverhältnisse handelt, weitgehend an die gesetzliche Reihenfolge an. Daß dabei nicht lückenlos alle Schuldverhältnisse des Besonderen Schuldrechts behandelt werden, liegt an der Eigenart eines »Grundrisses«[7], in dem nur eine Auswahl (insbes. für Wirtschaftswissenschaftler) möglich und nötig ist.

5 **zur Information vgl. Teilband 1, Übersicht 4 (S. 31).**

6 **vgl. Teilband 1, Übersicht 5 (S. 41 f.); außerdem: sofern noch nicht geschehen, sollte nun einmal das Inhaltsverzeichnis zu diesem Buch gelesen werden!**

7 *vgl. dazu meine Grundzüge, Bd. I, S. 46*

1. Abschnitt: Vertragliche Schuldverhältnisse

1. Kapitel: Veräußerungsverträge (Vermögensverschaffung)

I. Kauf

1. Wesen und Inhalt des Kaufvertrages

Den Kaufvertrag haben wir bisher[8] so häufig als Beispiel für ein vertragliches Schuldverhältnis genannt, daß Sie die in § 433 genannten »Grundpflichten des Verkäufers und des Käufers« eigentlich schon auswendig können müßten – lesen Sie § 433 trotzdem noch einmal!

Bevor den Verkäufer und den Käufer die in § 433 geregelten Pflichten und Rechte treffen können, muß ein Kaufvertrag aufgrund des freien, rechtsgeschäftlichen Willens beider Parteien zustande gekommen sein.

Dabei steht es den Parteien aufgrund der Vertragsfreiheit frei, den Leistungsgegenstand und den Preis sowie die Abwicklungsmodalitäten zu bestimmen. Haben sie das getan, bestimmen sich die Rechte und Pflichten der Parteien nach den §§ 433 ff. Jede Partei kann gegenüber der anderen Erfüllungsansprüche geltend machen.

Wird der Vertrag von beiden Seiten ordnungsgemäß erfüllt, ist das Schuldverhältnis nach § 362, wie Sie wissen, erloschen.

Wird dagegen *nicht* ordnungsgemäß erfüllt, wird also die Abwicklung des Vertrages *gestört*, können je nach Art der Leistungsstörung Ersatzansprüche nach den allgemeinen Regeln des Schuldrechts oder den besonderen Regeln des Kaufrechts entstehen. Daß der Käufer im Fall nicht ordnungsgemäßer Erfüllung Ansprüche nach allgemeinen schuldrechtlichen Regelungen geltend machen kann, wird in § 440 Abs. 1 (lesen) ausdrücklich bestimmt! Da es sich beim Kaufvertrag oh-

8 *nicht nur in Teilband 1 im »Allgemeinen Schuldrecht«, sondern auch schon in Band I dieser Grundzüge ...*

nehin um einen gegenseitigen Vertrag handelt, wären die §§ 320 ff. auch ohne die – deshalb eigentlich überflüssige[9] – »Rechtsgrundverweisung«[10] des § 440 Abs. 1 anwendbar! Da wir in diesen »Grundzügen« nicht sehr ins Detail gehen können, möchte ich mich mit dieser Feststellung begnügen und gleich zu den besonderen Regeln des Kaufrechts kommen, die für die nicht ordnungsgemäße Erfüllung des Vertrages durch den Verkäufer gelten. Merken Sie sich zum Kaufvertrag vorab nochmals unbedingt das, was Sie schon wissen sollten[11]: Der Kaufvertrag ist ein schuldrechtliches *Verpflichtungs*geschäft, durch das für den Verkäufer gem. § 433 Abs. 1 S. 1 zunächst nur die Pflicht begründet wird, dem Käufer die Sache zu übergeben und das Eigentum daran zu verschaffen. »Nach § 433 Abs. 1 S. 1« kann der Käufer also niemals Eigentümer der Kaufsache bzw. Inhaber eines verkauften Rechts werden.

■ Nach welcher Vorschrift wird vielmehr dem Käufer vom Verkäufer das Eigentum an einer verkauften beweglichen Sache übertragen? (Überlegen Sie!)

9 so auch – differenzierender – *Jauernig*, § 440, Anm. 2 c) und *Medicus*, BR, Rdnr. 281

10 **Daß in vielen Vorschriften des BGB Verweisungen auf andere Vorschriften vorgenommen werden, haben Sie bereits öfter erfahren. Bei diesen Verweisungen unterscheidet man zwischen »Rechtsgrundverweisungen« und »Rechtsfolgeverweisungen«:**
»Liegt eine Rechtsfolgeverweisung vor, enthält die Verweisungsnorm einen eigenen, nicht notwendig mit den Voraussetzungen der Zielnorm deckungsgleichen Tatbestand. Während die Ausgangsnorm den zu prüfenden Tatbestand liefert, enthält die Zielnorm die Rechtsfolge, die an die Erfüllung dieses Tatbestandes zu knüpfen ist. Praktisch ist diese Technik vor allem dann, wenn dadurch Worte gespart werden können, weil die Zielvorschrift mehrere Rechtsfolgen enthält.
Anders die Rechtsgrundverweisung. Hier gibt die Verweisungsnorm keine eigenständige Anspruchsgrundlage. Vielmehr muß der Sachverhalt auch unter den Tatbestand der Zielnorm subsumiert werden. Mit anderen Worten: Es müssen bei der Rechtsgrundverweisung sowohl der (unvollständig geregelte) Tatbestand der Ausgangsnorm als auch der (diesen ergänzende) Tatbestand der Zielnorm erfüllt sein.
Die Bezeichnung Rechtsgrundverweisung ist insofern mißverständlich, als sie auch auf die Rechtsfolgen der Zielvorschrift verweist« *(Meier-Rudolph/Wörlen,* JA 1982, S. 451).

11 vgl. *meine Grundzüge, Bd. I, S. 148–156*

▷ Die Vorschrift ist im Sachenrecht[11a] angesiedelt! Lesen Sie nochmals § 929 S. 1, unterstreichen Sie sich in §433 Abs. 1 S. 1 das Wort »Eigentum« und schreiben Sie »§ 929« daneben an den Rand des Gesetzestextes!

Mit der Übergabe der Sache geht übrigens gem. § 446 Abs. 1 (lesen) die Gefahr[12] des zufälligen Unterganges bzw. einer zufälligen Verschlechterung auf den Käufer über. Für den Gefahrübergang beim Versendungskauf gilt § 447 (lesen). Maßgeblicher Zeitpunkt ist (Abs. 1) der der ordnungsgemäßen Absendung.

Wenn der Verkäufer den Kaufvertrag erfüllt hat, kann es vorkommen, daß es sich um eine »Schlechterfüllung«[13] handelte, weil die Kaufsache bei der Übergabe einen Fehler oder Mangel hat. Damit sind wir bei der

2. Sachmängelhaftung

Übungsfall 1

K hat von dem Kraftfahrzeughändler V einen bei diesem als »fabrikneu« ausgestellten Personenkraftwagen gegen Barzahlung gekauft. Auf einer längeren Fahrt, die er am nächsten Tag unternahm, hatte K mit dem Wagen Schwierigkeiten und mußte zu einer Reparaturwerkstatt. Dort wurde festgestellt, daß der Motor einen schweren Schaden hatte und zudem zwei Reifen auf der Innenseite stark abgefahren waren. Der Motorschaden wurde behelfsmäßig behoben, damit K wenigstens nach Hause fahren konnte.

K schrieb daraufhin an V, daß er wegen der erwähnten Mängel den Wagen zur Verfügung stelle und um Rückzahlung des Kaufpreises sowie um Erstattung der in der Reparaturwerkstatt entstandenen Kosten bitte. Welche Ansprüche hat K gegen V?[14]

Es ist nach mehreren Ansprüchen gefragt, die wir unterscheiden und getrennt prüfen müssen.

■ Was will K von V?

▷ (1) Er will den Wagen zurückgeben und sein Geld wiederhaben sowie
(2) Erstattung (Ersatz) der entstandenen Reparaturkosten.

11a vgl. *dazu meine Grundzüge, Bd. III, S. 23 ff.*
12 *vgl. Teilband 1, Übersicht 10, S. 103*
13 *vgl. Teilband 1, S. 58 sowie dort Übersicht 8, S. 67 und S. 104 ff.*
14 nach *Schmelzeisen*, S. 24

Wir prüfen zunächst den Anspruch des K gegen V auf Rückzahlung des Kaufpreises.

Als Anspruchsgrundlage brauchen wir eine Vorschrift, aus der sich ergibt, daß ein Vertragspartner von dem anderen etwas, das er aufgrund eines Vertrages bereits geleistet hat, wieder zurückverlangen kann.

■ Welche Vorschrift könnte das sein?
(Wir haben sie im Zusammenhang mit Unmöglichkeit und Verzug beim gegenseitigen Vertrag schon öfter angesprochen.)

▷ Man könnte an die Vorschriften über den Rücktritt, und zwar vor allem an § 346 (lesen) denken! Danach ist nach erfolgtem Rücktritt jede Partei verpflichtet, bereits erbrachte Leistungen zurückzugewähren; anders ausgedrückt: unter den Voraussetzungen des § 346 kann jede Partei die Rückgewährung der aufgrund des Vertrages erbrachten Leistung verlangen. § 346 in Verbindung mit § 433 könnte also durchaus Anspruchsgrundlage für K sein.

■ Warum paßt § 346 aber nicht?

▷ K und V haben sich bei ihrem Kaufvertrag kein vertragliches Rücktrittsrecht vorbehalten.

Sie wissen bereits, daß es auch gesetzliche Rücktrittsrechte gibt, auf die die §§ 346 ff. entsprechend angewendet werden.

■ Welche gesetzlichen Rücktrittsrechte meine ich? (Versuchen Sie, sich zu erinnern, bevor Sie weiterlesen!)

▷ Gemeint sind die gesetzlichen Rücktrittsrechte bei Unmöglichkeit und Verzug der Leistung des Schuldners im gegenseitigen Vertrag, also die §§ 325 und 326, für die die §§ 346 ff. gem. § 327 entsprechend gelten.

■ Warum sind die §§ 325 und 326 in Übungsfall 1 jedoch nicht anwendbar?

▷ Weil in diesem Fall weder Verzug noch Unmöglichkeit »passen«, sondern »Schlechterfüllung« vorliegt. Bevor wir bei der Schlechterfüllung eines Vertrages evtl. Ansprüche aus positiver Vertragsverletzung prüfen, müssen wir erwägen, ob es für den jeweiligen Vertrag speziellere Anspruchsgrundlagen gibt. Daß dies gerade beim Kaufrecht der Fall ist, haben Sie bereits gelernt[15], und sicher sind Ihnen die §§ 459 ff. sofort in den Sinn gekommen ...

15 *Teilband 1, S. 104 ff.*

Dort finden wir eine Vorschrift, die dem Käufer eine Art gesetzliches Rücktrittsrecht gewährt, nämlich § 462 (lesen!).

a) Wandelung (§ 462)

Nach § 462 kann der Käufer wegen eines Mangels, den der Verkäufer nach den Vorschriften der §§ 459, 460 zu vertreten hat, Wandelung, d. h. Rückgängigmachung des Kaufes, oder Minderung, d. h. Herabsetzung des Kaufpreises, verlangen.

■ Was will K in unserem Fall?

▷ Er will den Kauf rückgängig machen – er stellt das Auto zur Verfügung und verlangt den Kaufpreis zurück. § 462 gibt dem K unter bestimmten Voraussetzungen gegen V einen Anspruch auf Rückgängigmachung des Kaufes (Wandelung).

■ Wie kann die Rückgängigmachung des Kaufes erreicht werden?

▷ Die Antwort gibt § 467 (lesen!).

Danach finden nun doch die §§ 346 ff. entsprechende Anwendung. Die Wandelung hat die gleiche Wirkung wie das gesetzliche Rücktrittsrecht der §§ 325, 326. Wenn die Voraussetzungen für einen Anspruch auf Wandelung vorliegen, hat der Käufer, der bereits geleistet hat, einen Anspruch auf Rückzahlung des Kaufpreises nach § 346 S. 1 i. V. m. § 433 Abs. 2.

Wenn wir diesen Fall in einer Klausur lösen müßten, wären wir bei dem Punkt angekommen, wo wir unsere Anspruchsgrundlage als mögliches Ergebnis des nachfolgenden Gutachtens formulieren könnten.

■ Versuchen Sie zwischendurch einmal, den ersten Satz eines Gutachtens zu Fall 1 selbst zu formulieren (erst überlegen, dann weiterlesen!).

▷ Der erste Satz eines entsprechenden Gutachtens könnte sinngemäß lauten:
»K könnte gegen V einen Anspruch auf Rückzahlung des Kaufpreises gemäß § 462 i. V. m. §§ 346 S. 1, 467 S. 1, 433 Abs. 2 haben«.

■ Welches ist der nächste Schritt, wenn wir den Fall gutachtenmäßig weiterlösen[16]?

▷ Prüfung der Voraussetzungen der Anspruchsgrundlage!

16 Falls Sie dies nicht wissen: vgl. Sie *meine* Grundzüge Bd. I, S. 80 ff. und S. 113 ff. (Exkurs: »Methodik der Fallbearbeitung«)

Voraussetzung für unseren Rückzahlungsanspruch ist zunächst, daß K überhaupt wandeln durfte, d. h., um gemäß § 462 Wandelung verlangen zu können, muß er einen Wandelungsgrund haben.

aa) Fehler (Mangel) der Kaufsache (§ 459 Abs. 1)

Ein Wandlungsgrund liegt u. a. vor, wenn ein wirksamer Kaufvertrag über eine Sache geschlossen wurde und die vom Verkäufer gelieferte Sache einen Mangel hat, den der Verkäufer (§ 459 Abs. 1 lesen!) zu vertreten hat.

Ein wirksamer Kaufvertrag wurde in unserem Fall geschlossen und von beiden Seiten erfüllt.

Daß es sich bei dem Motorschaden und den abgenutzten Reifen bei einem Auto, das als »fabrikneu« verkauft wird, um Mängel bzw. Fehler handelt, von denen § 459 spricht, ist in unserem Fall klar.

Da aber ein Fehler nicht immer so leicht festzustellen ist, haben sich Rechtsprechung und Lehre zum Fehlerbegriff des Gewährleistungsrechtes einige Gedanken gemacht[17].

Um zu beurteilen, ob die Kaufsache mit einem Fehler im Sinne des Gewährleistungsrechts behaftet ist, muß man einen Vergleich vornehmen, und zwar wird verglichen die vertraglich geschuldete Sache und die tatsächlich gelieferte Sache.

Im ersten Fall spricht man von der »Sollbeschaffenheit« der Sache, im zweiten Fall von der »Istbeschaffenheit«. Zur Verdeutlichung folgendes Schaubild:

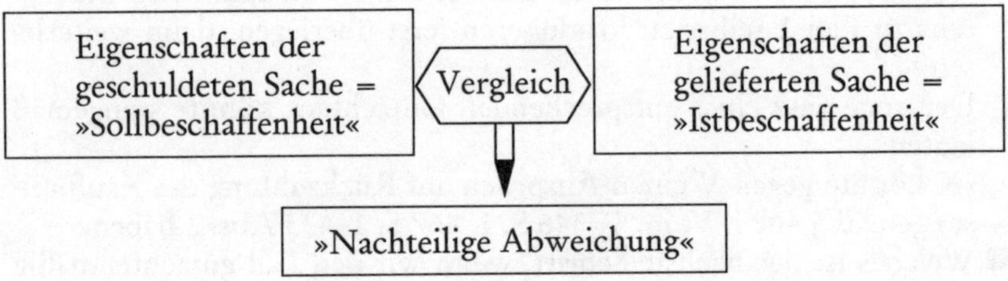

17 Auf den Theorienstreit zum »objektiven« und »subjektiven Fehlerbegriff« soll in diesem Rahmen nicht eingegangen werden. Bei Interesse vgl. dazu nur Brox, Bes. SchR, Rdnr. 57 (»Fall« a) und 61 f.

Stellt sich bei diesem Vergleich heraus, daß (1) die Istbeschaffenheit von der Sollbeschaffenheit der Sache nachteilig abweicht, hat die Sache einen Fehler (Mangel). Damit der Verkäufer für einen Fehler haften muß, verlangt das Gesetz in § 459 Abs. 1, daß (2) dieser Fehler eine Wertminderung oder Gebrauchsbeeinträchtigung zur Folge hat, daß (3) diese Beeinträchtigung nicht unerheblich ist und daß (4) dieser Fehler zum Zeitpunkt des Gefahrüberganges vorhanden ist (§ 459 Abs. 1 und zur Wiederholung §§ 446 und 447 – jeweils Abs. 1 – lesen!). In unserem Fall sind die Voraussetzungen für eine Haftung des V gegeben:

(1) Daß die Kaufsache einen Fehler aufweist, hatten wir bereits bejaht – eine nachteilige Abweichung der Istbeschaffenheit von der Sollbeschaffenheit liegt vor, wenn ein »fabrikneu« geschuldetes Auto mit einem Motorschaden und zwei stark abgenutzten Reifen geliefert wird.

(2) Die Abweichung hatte auch eine Minderung des Wertes und der Tauglichkeit des Autos zur Folge.

(3) Die Abweichung ist nicht unerheblich und

(4) der Fehler war auch zum Zeitpunkt des Gefahrüberganges vorhanden, nämlich zum Zeitpunkt der Übergabe des Autos an K (§ 446).

K hat einen Wandelungsgrund, da die Kaufsache einen Mangel bzw. Fehler hatte, den V gemäß § 459 Abs. 1 zu vertreten hat.*

bb) Fehlen zugesicherter Eigenschaft (§ 459 Abs. 2)

Eine Haftung des V läßt sich auch über § 459 Abs. 2 begründen (lesen!):

Als Mangel im Sinne von § 459 ist es auch anzusehen, wenn der Kaufsache eine Eigenschaft fehlt, die der Verkäufer zugesichert hat. Zwar hat V in unserem Fall keine ausdrückliche Zusicherung einer Eigenschaft ausgesprochen. Sie wissen aber sicher noch, daß man Willenserklärungen nicht immer ausdrücklich durch Worte von sich ge-

* **Wenn § 462 von »zu vertreten« nach den §§ 459, 460 spricht, hat das nichts mit »Vertreten-Müssen« im Sinne von Verschulden zu tun (ähnlich: § 279!). Einen Fehler i.S.v. § 459 Abs. 1 hat der Verkäufer, unabhängig vom Verschulden (vgl. § 276 Abs. 1), immer zu vertreten *(Garantiehaftung!)*. Ausnahmen: § 460 (lesen!). Greifen diese Ausnahmen nicht ein, liegt ein Mangel vor, den der Verkäufer gem. § 462 nach »§§ 459, 460 zu vertreten hat«!**

ben muß, sondern auch durch »konkludentes« (schlüssiges) Verhalten abgeben kann.

■ Woraus könnte sich in diesem Fall eine konkludente Zusicherung durch den Kraftfahrzeughändler V ergeben?

▷ V hat dem K das Auto als »fabrikneues« Auto verkauft.

Wird ein Kraftfahrzeug als »fabrikneu« verkauft, so liegt darin nach ständiger Rechtsprechung die vertragliche Zusicherung des Verkäufers, daß das Fahrzeug frei von Verschleiß- und Abnutzungsschäden ist. In den meisten Fällen ist die Rechtsprechung aber mit der Annahme einer Zusicherung eher zurückhaltend[18]. Bestehen an einer Zusicherung Zweifel, wird das Vorliegen einer solchen Zusicherung abgelehnt.

cc) Ausschluß der Wandelung

Hat man, wie in unserem Fall geschehen, festgestellt, daß der Käufer einen Wandelungsgrund für die Geltendmachung seines Anspruches aus § 462 hat, muß geprüft werden, ob die Wandelung im jeweiligen Fall eventuell ausgeschlossen ist.

■ Wodurch könnte Ihrer Meinung nach die Wandelung ausgeschlossen sein? (Nachdenken!)

▷ Durch den Vertrag selbst, wenn dort eine Haftungsausschluß-Klausel aufgenommen wurde. Häufig geschieht das – wie Sie inzwischen wissen – durch »Allgemeine Geschäftsbedingungen« (AGB), auf deren Geltung bei Vertragsschluß verwiesen wird. Daß ein Ausschluß von Gewährleistungsvorschriften im Rahmen der Vertragsfreiheit möglich ist, folgt aus § 476 (lesen)!

§ 476 setzt die Möglichkeit des Haftungsausschlusses voraus und legt nur für den Fall, daß der Verkäufer den Mangel arglistig verschwiegen hat, die Nichtigkeit des vertraglichen Haftungsausschlusses fest. Neben dem *vertraglichen* Ausschluß der Gewährleistungsrechte gibt es auch noch einige *gesetzliche* Tatbestände, die die Wandelung ausschließen könnten.

Gesetzliche Ausschlußgründe sind:

§§ 460, 461, 464, 466, 467 i. V. m. 350, 351 sowie die §§ 377, 378 HGB.

18 vgl. *Palandt/Putzo*, § 459, Rdnr. 17

Wir wollen uns die wichtigsten dieser Ausschlußgründe im Gesetz ansehen.
Lesen Sie § *460!*
– *S. 1:* Klar; denn wenn K den Vertrag bei Kenntnis von dem Mangel schließt, erklärt er sich damit sozusagen einverstanden ...
– *S. 2:* Hat K den Fehler aus grober Fahrlässigkeit nicht erkannt, so haftet V nur, wenn er diesen Fehler arglistig verschwiegen hat; hat der Verkäufer allerdings das Nichtvorhandensein des Fehlers zugesichert, haftet er trotz eventueller grober Fahrlässigkeit des Käufers.
– § *464:* Die Haftung des Verkäufers ist für den Fall ausgeschlossen, daß der Käufer den Mangel der Kaufsache kennt. Im Unterschied zu § 460 muß diese Kenntnis nicht schon bei Vertragsschluß vorliegen, sondern § 464 gilt für den Zeitraum zwischen Vertragsschluß und Annahme der Sache.
– § *466:* Keine Wandelung mehr nach Ablauf dieser Frist.
– § *467:* Wenn der Käufer die mangelhafte Sache schuldhaft noch mehr beschädigt oder die Rückgabe unmöglich macht, ist die Wandelung ausgeschlossen (vgl. §§ 351, 352 = lesen!).
– *§§ 377, 378 HGB*[19]: Wenn beide Vertragspartner Kaufleute nach dem Handelsrecht sind, besteht für den Käufer die Pflicht, die Sache sofort zu untersuchen und Fehler unverzüglich zu rügen. Kommt er dieser Untersuchungspflicht nicht nach, verliert er sein Wandelungsrecht.

19 § *377 (Untersuchungs- und Rügepflicht)*
»(1) Ist der Kauf für beide Teile ein Handelsgeschäft, so hat der Käufer die Ware unverzüglich nach der Ablieferung durch den Verkäufer, soweit dies nach ordnungsgemäßem Geschäftsgange tunlich ist, zu untersuchen und, wenn sich ein Mangel zeigt, dem Verkäufer unverzüglich Anzeige zu machen.
(2) Unterläßt der Käufer die Anzeige, so gilt die Ware als genehmigt, es sei denn, daß es sich um einen Mangel handelt, der bei der Untersuchung nicht erkennbar war.
(3) Zeigt sich später ein solcher Mangel, so muß die Anzeige unverzüglich nach der Entdeckung gemacht werden; anderenfalls gilt die Ware auch in Ansehung dieses Mangels als genehmigt.
(4) Zur Erhaltung der Rechte des Käufers genügt die rechtzeitige Absendung der Anzeige.
(5) Hat der Verkäufer den Mangel arglistig verschwiegen, so kann er sich auf diese Vorschrift nicht berufen.
§ 378 (Untersuchungs- und Rügepflicht bei Falschlieferung oder Mengenfehlern)
Die Vorschriften des § 377 finden auch dann Anwendung, wenn eine andere als die bedungene Ware oder eine andere als die bedungene Menge von Waren geliefert ist, sofern die gelieferte Ware nicht offensichtlich von der Bestellung so erheblich abweicht, daß der Verkäufer die Genehmigung des Käufers als ausgeschlossen betrachten mußte.« (vgl. *dazu meine Grundzüge, Bd. IV, S. 4 u. 104)*

dd) Vollziehung der Wandelung (§ 465)

Wenn kein Ausschlußgrund vorliegt, kann die Wandelung vollzogen werden.

Dies geschieht dadurch, daß der Verkäufer gemäß § 465 auf Verlangen des Käufers sein Einverständnis erklärt. Tut er dies nicht, kann der Käufer ein gerichtliches Urteil erwirken[20]. Mit Rechtskraft dieses Urteils gilt das Einverständnis des Verkäufers als erklärt (= § 894 ZPO).

ee) Rechtsfolge

der Wandelung ist gem. § 467 (lesen), daß die einander erbrachten Leistungen gemäß § 346 ff. zurückzugewähren sind.

In der Praxis wird der Vollzug der Wandelung im Streitfall dergestalt gehandhabt, daß der Käufer mit seiner Klage sofort die Folgen der Wandelung, d. h. die Rückabwicklung des Kaufvertrages über die §§ 467 i. V. m. 346 ff. bewirken kann. Er muß nicht erst auf das Einverständnis des Verkäufers nach § 465 klagen, dann das Urteil mit der Wirkung von § 894 ZPO abwarten und nochmals auf Durchführung der Wandelung nach den §§ 467 i. V. m. 346 ff. Klage erheben![21]

Der Käufer muß die mangelhafte Kaufsache zurückgeben und hat gegen den Verkäufer einen Anspruch entsprechend § 346 S. 1 auf Rückzahlung des Kaufpreises.

Diesen Anspruch hat in unserem Übungsfall auch K gegen V. –

Bevor Sie weitere Gewährleistungsansprüche für Sachmängel beim Kauf kennenlernen, wiederholen Sie das zum »Anspruch auf Wandelung gem. § 462« Gelernte mit Hilfe von Übersicht 1, die das mitgeteilte Wissen »prüfungsschematisch« (= klausurrelevant) einordnet.

20 *Diese Darstellung folgt der zum Vollzug der Wandlung vertretenen »Vertragstheorie«. Zum hierzu existierenden Theorienstreit (»Herstellungstheorie«, »Gemischte Theorie«, »Theorie des richterlichen Gestaltungsakts«), dessen Darlegung in einem Grundriß für Wirtschaftswissenschaftler fehl am Platz erscheint, vgl. bei Interesse:* Palandt/Putzo, *§ 465, Rdnr. 1–6.*

21 vgl. *Klunzinger,* S. 311 und ausführlicher *Medicus,* SchR II, § 74 III

Übersicht 1:

<table>
<tr><td>

Anspruch des Käufers auf Wandelung gem. § 462
– Prüfungsschema –*

</td></tr>
<tr><td>

Voraussetzungen

</td></tr>
<tr><td>

A) *Wandelungsgrund muß vorliegen:*
I. Voraussetzung dazu ist zunächst ein wirksamer Kaufvertrag i. S. v. § 433
II. Die Kaufsache muß einen Sachmangel haben:
1. »Fehler« i. S. d. § 459 Abs. 1?
a) Liegt eine nachteilige Eigenschaftsabweichung der Ist- von der Sollbeschaffenheit vor?
b) Diese Abweichung muß eine Wert- oder Gebrauchsbeeinträchtigung zur Folge haben.
c) Erheblichkeit der Beeinträchtigung
d) Fehler muß im Zeitpunkt des Gefahrenüberganges vorliegen
oder
2. Fehlen einer »zugesicherten Eigenschaft« bei Gefahrübertragung = § 459 Abs. 2

</td></tr>
<tr><td>

B) *Wandelung darf nicht ausgeschlossen sein:*
I. Ausschluß durch vertragliche Vereinbarung?
II. Gesetzliche Ausschlußgründe ?
Möglichkeiten: – § 460
– § 461
– § 464
– § 466
– § 467 i. V. m. §§ 350, 351
– § 377, 378 HGB

</td></tr>
<tr><td>

C) *Wirksame Ausübung der Wandelung (§ 465)*
I. Abgabe der Erklärung gegenüber dem Verkäufer
II. Vollzug der Wandelung durch Einverständnis des Verkäufers (oder: § 894 ZPO)

</td></tr>
<tr><td>

D) *Rechtsfolge (Durchführung der Wandelung):*
– Rückgewähr der empfangenen Leistungen Zug um Zug – §§ 467 i. V. m. 346 ff.

</td></tr>
</table>

* Dieses Schema gilt gleichermaßen für die Minderung mit der Maßgabe, daß sich unter D) (Rechtsfolge) Abweichungen ergeben (vgl. dazu S. 17)

b) Minderung

Da in Fall 1 auch nach dem Anspruch auf Ersatz der Reparaturkosten für das Auto gefragt war, müßten wir, nachdem wir den Anspruch auf Rückgängigmachung des Kaufvertrages (= Wandelung) bejaht haben, nun eigentlich diesen zweiten Anspruch (= Schadensersatz) des K gegen V prüfen. Wir stellen dies aber zunächst zurück, da § 462 außer von »Wandelung« auch von »Minderung« spricht! Wir wollen uns anhand eines weiteren Übungsfalles (2) mit der Minderung beschäftigen, bevor wir eine weitere Gewährleistungsvorschrift kennenlernen, die uns die Antwort auf die zweite Fallfrage von Fall 1 gibt . . .

Übungsfall 2

Kurt Kungel (K) kauft im Antiquitätenladen von Victor Various (V) einen englischen Schreibtisch »Queen-Victorian-Style« für 6 200,– DM. Die Zahlung des Kaufpreises soll nach Lieferung an K erfolgen. V versichert, daß es sich um ein echtes antikes viktorianisches Stück handelt, das von einem Fachmann »restauriert« wurde. Nach der Lieferung stellt K fest, daß die Schubladeneinlagen aus einfachem neuem Sperrholz sind, die »antiken Messingbeschläge« an Türen und Schubladen aus Blech. Unter der Lederoberfläche zeigt das Holz irreparable Risse . . . K möchte den Schreibtisch trotzdem behalten, aber erheblich weniger zahlen. Der tatsächliche Wert des mangelhaften Schreibtisches beträgt nur 4 000,– DM. Der Wert eines gleichaltrigen unversehrten antiken Schreibtisches beträgt – nach einer Expertise (Sachverständigengutachten) – 7 500,– DM.

Kann K die Herabsetzung des Kaufpreises verlangen? Wenn ja, wieviel muß er bezahlen?[22]

■ Was will K – juristisch ausgedrückt – von V?

▷ Herabsetzung des Kaufpreises bedeutet »Minderung«! Welchen Anspruch könnte K deshalb gegen V geltend machen?

■ Versuchen Sie, bevor Sie weiterlesen, das Anspruchsbegehren des K im Gutachtenstil zu formulieren!

▷ »K könnte gegen V einen Anspruch auf Herabsetzung des Kaufpreises (Minderung) gemäß § 462 haben.« (§ 462 lesen!)

22 ähnlicher Fall bei *Alpmann und Schmidt,* SchR BT 1, Fall 16, S. 58

aa) Voraussetzungen

K müßte einen »Minderungsgrund«* haben, was zunächst einen wirksamen Kaufvertrag voraussetzt. Dieser wurde im Antiquitätenladen des V geschlossen. Darüber hinaus müßte die Kaufsache einen Fehler i. S. d. § 459 Abs. 1 aufweisen:

(1) Indem der antike Schreibtisch mit Schubladenböden aus einfachem neuem Sperrholz, Blechbeschlägen und Rissen auf der Arbeitsfläche ausgestattet ist, weicht seine Istbeschaffenheit von der Sollbeschaffenheit ab.

(2) In dieser Abweichung sind auch eine Wertminderung sowie eine Gebrauchsbeeinträchtigung zu sehen, die

(3) nicht unerheblich sind[23].

(4) Die festgestellten Mängel lagen auch bei Gefahrübergang, nämlich zum Zeitpunkt der Übergabe (§ 446) vor, so daß K einen Minderungsgrund hat, sofern nicht ein Ausschluß der Minderung durch Vertrag oder Gesetz vorliegt. Letzteres ist nicht ersichtlich.

bb) Rechtsfolge

der Minderung ist die Herabsetzung des Kaufpreises nach Maßgabe von § 472 Abs. 1 (lesen), wobei der Vertrag ansonsten gültig bleibt. Dies ist der Unterschied zur Wandelung. Das in Übersicht 1 mitgeteilte Prüfungsschema zur Wandelung ist auf die Minderung bis zum Punkt »Rechtsfolge« gleichermaßen anwendbar (lesen Sie Übersicht 1 daraufhin noch einmal durch!). Die Berechnung des verminderten Kaufpreises gem. § 472 Abs. 1 nimmt man am besten mit einer »mathematischen« Gleichung vor, die sich aus folgender Analyse dieser Vorschrift ergibt. § 472 Abs. 1 enthält vier Posten:

(1) »Minderung« = herabgesetzter Preis (= *unbekannt*!)
(2) »Kaufpreis« = vereinbarter Preis (= bekannt)
(3) »Wert der Sache in mangelfreiem Zustand« = Wert ohne Mangel (= bekannt)

* Im übrigen ist das »Prüfungsschema« für den Minderungsanspruch das gleiche wie auf Übersicht 1 für die Wandelung.
Sie brauchen unter A) – C) nur die Worte Wandelung und Minderung auszutauschen.
Lediglich die *Rechtsfolge* unterscheidet sich: vgl. sogleich unter bb)

23 **Das ist bei dem Wortlaut des Sachverhalts so klar, daß sich eine genauere Begründung erübrigt.**

(4) »wirklicher Wert« = Wert mit Mangel (= bekannt).

Der herabgesetzte Preis, den wir als unbekannte Größe mit »x« bezeichnen, muß sich zu dem vereinbarten Preis verhalten wie der wirkliche Wert mit Mangel zu dem Wert ohne Mangel. Das bedeutet »mathematisch«:

$$\frac{x}{\text{vereinbarter Preis}} = \frac{\text{Wert mit Mangel}}{\text{Wert ohne Mangel}}$$

Daraus folgt:

$$x = \frac{\text{Wert mit Mangel} \cdot \text{vereinbarter Preis}}{\text{Wert ohne Mangel}}$$

Diese Gleichung sollten Sie am besten auswendig lernen!

■ Wenn Sie die Zahlen aus Fall 2 in die Gleichung einsetzen, wozu Sie hiermit aufgefordert sind, bevor Sie – zur Kontrolle – weiterlesen, müßten Sie das folgende Ergebnis unseres Falles gefunden haben:

▷ K hat gegen V einen Anspruch auf Minderung gem. §§ 462 i. V. m. § 433 Abs. 2. Nach § 472 Abs. 1[24] muß K anstelle der ursprünglich vereinbarten 6 200,– DM nur noch 3 306,67 DM bezahlen.

c) Schadensersatz wegen Nichterfüllung (§ 463)

Lesen Sie § 463 und nochmals *Übungsfall 1*, den wir noch nicht vollständig gelöst hatten. Prüfen wir den Anspruch des K gegen V auf Ersatz der Reparaturkosten für das Auto. Dieser Anspruch könnte sich aus § 463 ergeben. Dann müßten K und V einen wirksamen Kaufvertrag geschlossen haben, und es müßte ein Gewährleistungsgrund i. S. v. § 463 vorliegen: entweder »Fehlen einer zugesicherten Eigenschaft« oder »arglistiges Verschweigen eines Fehlers«.

24 **Berechnung:** $x = \frac{4.000 \cdot 6.200}{7.500} = 3.306{,}67$ **DM**

aa) Fehlen zugesicherter Eigenschaft

Zu den Eigenschaften einer Kaufsache gehören alle »wertbildenden Faktoren«[25], z. B.: Fabrikneuheit, Alter von Gebrauchtwagen, Echtheit eines Bildes, Bebaubarkeit eines Grundstückes usw. »Zusicherung« bedeutet die Gewährübernahme, für nachteilige Folgen einzustehen. Zugesichert ist eine Eigenschaft, wenn der Verkäufer durch eine ausdrückliche oder stillschweigende Erklärung, die Vertragsinhalt geworden ist, dem Käufer zu erkennen gibt, daß er für das Vorhandensein der betreffenden Eigenschaft einstehen will[26].

bb) Arglistiges Verschweigen eines Fehlers

»Arglistig« handelt der Verkäufer, wenn er den Fehler kennt oder mit seinem Vorhandensein rechnet und davon ausgeht oder ausgehen mußte, daß der Käufer, der den Fehler nicht kennt, den Kaufvertrag bei Kenntnis des Fehlers nicht schließen würde.

»Verschweigen« im rechtlich relevanten Sinn liegt vor, wenn eine Rechtspflicht zum Handeln besteht. Darüber hinaus ist von Rechtsprechung und Lehre als Voraussetzung für § 463 (der dann analog anzuwenden ist) auch die Vorspiegelung einer nicht vorhandenen Eigenschaft in arglistiger Absicht anerkannt.[27]

■ Welche dieser Voraussetzungen von § 463 ist in Fall 1 erfüllt?

▷ V hat dem K das Auto als »fabrikneu« verkauft; darin liegt konkludent die Zusicherung, daß das Kfz frei von Verschleiß- und Abnutzungsschäden ist. Bei einem Neuwagen[28] wird diese stillschweigende Zusicherung allgemein anerkannt. Im allgemeinen ist eine stillschweigende Zusicherung nur mit Vorsicht und Zurückhaltung anzunehmen[29]. Insbesondere liegt keine »Zusicherung« von Eigenschaften vor, wenn der Verkäufer die Qualität seiner Ware nur anpreist, selbst wenn er dabei den Begriff »Zusicherung« (»ich sichere Ihnen zu, daß es sich um eine besonders gute Qualität handelt[30] ...«)

25 *vgl. meine Grundzüge, Bd. I, S. 127*
26 *Palandt/Putzo*, § 459, Rdnr. 15
27 *a. a. O.*, § 463, Rdnr. 11
28 vgl. BGH NJW 1980, S. 2127
29 vgl. *Palandt/Putzo*, § 459, Rdnr. 17 mit einer Reihe von Beispielen aus der Rechtsprechung
30 **Die subjektiven Auffassungen über eine besonders gute Qualität können sehr verschieden sein!**

benutzen sollte. Im Einzelfall kann die Abgrenzung sehr schwierig werden; »im Zweifel« neigen die Gerichte, wie gesagt, dazu, das Vorliegen einer Zusicherung abzulehnen[31].

cc) Maßgeblicher Zeitpunkt

Maßgebender Zeitpunkt für das Eingreifen aller Gewährleistungsregeln der §§ 459 ff. ist gem. § 459 (der als »Sachmangel«, wie aus Abs. 2 folgt – lesen –, auch das Fehlen zugesicherter Eigenschaften umfaßt, der Zeitpunkt des Gefahrüberganges[32]. In diesem Fall kann der Käufer, wie gesehen, Wandelung oder Minderung gem. § 462 verlangen. Für § 463 S. 1 (nochmals lesen) bedeutet das: Fehlt der Kaufsache bei Gefahrübergang die zugesicherte Eigenschaft, kann der Käufer im Falle, daß die zugesicherte Eigenschaft (auch) schon bei Vertragsschluß (»zur Zeit des Kaufes«) fehlte, »statt« der Wandelung oder Minderung Schadensersatz wegen Nichterfüllung verlangen.

■ Ist diese Voraussetzung in Fall 1 erfüllt?

▷ Da K das Auto einen Tag nach dem Kauf benutzte und sich die Mängel dabei zeigten, bestehen mangels anderer Anhaltspunkte keine Zweifel, daß das Auto bereits bei Vertragsschluß entgegen der Zusicherung des V nicht »fabrikneu« war. Somit sind in Fall 1 alle Voraussetzungen für einen Schadensersatzanspruch gem. § 463 erfüllt.

Ein vertraglicher oder gesetzlicher Ausschluß der Gewährleistung, der die Durchsetzung verhindern könnte, ist nicht ersichtlich.

dd) Umfang und Berechnung des zu ersetzenden Schadens

(1) Umfang

Grundsätzlich ist im Rahmen von § 463 nur der »Mangelschaden« zu ersetzen; d. h. der Schaden, der unmittelbar durch die mangelhafte Lieferung der Kaufsache verursacht wurde. Falls der Kaufsache eine zugesicherte Eigenschaft fehlt, bedeutet das zunächst, daß der Käufer so zu stellen ist, wie er stehen würde, wenn der Verkäufer entsprechend der Zusicherung (»fabrikneues« Auto ohne Reparaturkosten)

31 **Dies sollten auch Sie in Klausuren »tunlichst tun«! Dabei gehe ich davon aus – ohne Ihnen das zusichern zu können –, daß Sie keine Fälle mit schwierigen Abgrenzungsfragen lösen müssen . . .**

32 vgl. *Jauernig*, § 459, Anm. IV, 1

geliefert hätte. Zum Mangelschaden zählen deshalb auch Kosten, die aufgewendet wurden, um die mangelhafte Kaufsache, der eine zugesicherte Eigenschaft fehlte, wieder instand zu setzen. »Mangelfolgeschäden« werden dagegen grundsätzlich nicht im Rahmen von § 463 ersetzt.

■ Was versteht man unter Mangelfolgeschaden? (Erinnern Sie sich an das, was Sie bereits[33] zur »p. V. V.« gelernt haben!)

▷ Mangelfolgeschäden sind Schäden, die aufgrund eines Mangels der Kaufsache an anderen Rechtsgütern des Käufers entstehen sowie Kosten und Aufwendungen im Zusammenhang mit den Schäden an diesen Rechtsgütern.

■ Über welche Anspruchsgrundlage werden solche Schäden regelmäßig ersetzt?

▷ Wenn Sie soeben der Verweisung nach oben gefolgt sind, ist Ihnen die Antwort klar: Der Verkäufer haftet nach den Grundsätzen über die »p. V. V.«.

Davon macht die Rechtsprechung[34] zwei Ausnahmen:

(a) Mangelfolgeschäden werden ausnahmsweise auch vom Schadensersatz nach § 463 umfaßt, wenn die Zusicherung bezweckte, den Käufer gerade gegen *diese* eingetretenen Mangelfolgeschäden abzusichern.

(b) Hat der Verkäufer *arglistig* gehandelt, kann der Käufer über das Gewährleistungsrecht immer den gesamten Mangelschaden und Mangelfolgeschaden ersetzt verlangen.

■ Welcher Schaden liegt in Fall 1 mit den Reparaturkosten vor?.

▷ Mangelschaden: Die Reparatur wurde unmittelbar durch den Fehler am Motor verursacht (kein anderes Rechtsgut des K wurde verletzt).

(2) Berechnung des Schadens

(a) Nach dem Wortlaut von § 463 S. 1 ist Schadensersatz »statt« Wandelung oder Minderung zu leisten: Wenn die Wandelung dadurch ausgeschlossen wäre, hätte K aber keine Möglichkeit, das Auto zurückzugeben.

Er müßte, wenn er Schadensersatz verlangt, den Pkw behalten und könnte über die Kosten der Reparatur hinaus den Minderwert, d. h.,

33 Teilband 1, S. 105, 108

34 Nachweise bei *Palandt/Putzo*, § 463, Rdnr. 17 und *Jauernig*, § 459, Anm.6 a)

die Differenz zwischen dem Wert des Neuwagens und dem des beschädigten Wagens, verlangen.

Man nennt diesen Schadensersatzanspruch, bei dem der Käufer im Falle des § 463 die mangelhafte Sache behält und den Differenzschaden verlangt, den »kleinen« Schadensersatzanspruch.

(b) Wenn von einem »kleinen« Schadensersatzanspruch die Rede ist, gibt es auch einen »großen«.

Rechtsprechung[35] und Lehre haben u. a. der Tatsache Rechnung getragen, daß gerade im Bereich von Kfz.-Schäden, mit denen der Gesetzgeber des BGB im Jahre 1900 noch nicht so vertraut war, die Berechnung des Differenzschadens manchmal sehr schwierig sein kann. Um dem Käufer, dem eine mangelhafte Sache geliefert wurde, (u. a.) diese Schwierigkeiten zu ersparen, soll er im Rahmen des § 463 auch einen »großen« Schadensersatzanspruch geltend machen können. Das bedeutet, daß der Käufer im Falle des § 463 ebenfalls die Kaufsache zur Verfügung stellen, den Kaufpreis zurückfordern sowie außerdem den darüber hinausgehenden Schaden verlangen kann.

Damit wird, obwohl § 463 von Schadensersatz »statt« Wandelung spricht, der Käufer im Ergebnis praktisch genauso gestellt, als wären Wandelung und Schadensersatzanspruch nebeneinander möglich[36].

Da in unserem Fall K in seinem Schreiben an V Rückzahlung des Kaufpreises gegen Rückgabe des Autos und Ersatz der Reparaturkosten verlangt, hat er den »großen« Schadensersatzanspruch geltend gemacht.

Lesen Sie zur Wiederholung nun Übersicht 2.

d) Besonderheiten beim Gattungskauf

Ebenso wie es im Recht der Leistungsstörungen im »Allgemeinen Schuldrecht« oft wichtig ist, zwischen Stückschuld und Gattungsschuld zu unterscheiden[37], gilt dies auch für die Gewährleistungsvorschriften des »Besonderen Schuldrechts«. Für das Kaufrecht folgt das aus § 480 (Vorschrift ganz lesen!).

Um den Inhalt dieser Vorschrift besser verstehen zu können, empfiehlt sich ein kurzer Wiederholungs-*Exkurs* zum Thema »Stück- und Gattungsschuld«:

35 vgl. *Jauernig*, § 463, Anm. 4 c) aa) bb)
36 vgl. *Schmelzeisen*, S. 26
37 vgl. Teilband 1, S. 45

Übersicht 2:

Anspruch auf Schadensersatz wegen Nichterfüllung gem. § 463

Voraussetzungen

A. *Vorliegen eines Gewährleistungsgrundes*
   I. *Wirksamer Kaufvertrag*
   II. *Mangel der Kaufsache in Form von*
      1. *Fehlen einer zugesicherten Eigenschaft*
      2. *arglistigem Verschweigen von Fehlern*
      zu 1: – »Eigenschaften« einer Sache sind alle »wertbildenden Faktoren«
      – »Zusicherung« : Wenn Verkäufer zu erkennen gibt, für Vorhandensein der Eigenschaft einstehen zu wollen (Konkludente Zusicherung möglich, »im Zweifel« zu verneinen)
      zu 2: »Arglist«: Wenn Verkäufer Fehler kennt oder damit rechnet und weiß (wissen mußte), daß Käufer Vertrag über fehlerhafte Sache nicht schließen würde
   III. *Maßgeblicher Zeitpunkt für Mangel*
   Die Mängel i. S. v. II/1 und II/2 müssen sowohl bei Gefahrübergang als auch schon bei Abschluß des Kaufvertrages vorliegen.

B. *Kein Ausschluß der Gewährleistung*[38]

Rechtsfolgen

I. *Schadenseratz »statt« Wandelung oder Minderung*
II. *Umfang des Schadens*
   1. *Grundsatz:* Nur »Mangelschäden« (inkl. Instandsetzungskosten). Für »Mangelfolgeschäden« gilt: »p. V. V.«!
   2. *Ausnahmen:* a) Bei Arglist: auch Mangelfolgeschäden über § 463 !
   b) Falls Zusicherung bezweckt, Käufer gerade vor *diesen* Schäden zu schützen: auch Mangelfolgeschäden über § 463!
III. *Berechnung des Schadens* (Durchsetzung des Anspruchs nach Wahl des Käufers):
   1. *»Kleiner« Schadensersatzanspruch:* Käufer behält mangelhafte Kaufsache und verlangt Differenz zu Wert der mangelfreien Sache (Ersatz des Minderwertes u. Aufwendungen für Instandsetzung)
   2. *»Großer« Schadensersatzanspruch:* Kaufsache wird zurückgegeben, Kaufpreis u. gesamter Nichterfüllungsschaden werden erstattet.

38 vgl. oben Übersicht 1: B (S. 15)

Beim »Stückkauf« ist, wie Sie wissen, Gegenstand des Kaufes eine ganz bestimmte, konkrete Sache. Wenn diese gekaufte Sache zum Beispiel untergeht oder zerstört wird, kann der Verkäufer sie nicht mehr liefern; »diese« Sache, die er verkauft hat, existiert nicht mehr!

Der Verkäufer einer Speziessache braucht auch nicht Schadensersatz zu leisten, wenn er den Untergang der Sache nicht zu vertreten hat, sondern er wird von der Verpflichtung zu seiner Leistung frei!

■ Nach welcher Vorschrift wird er frei? (Überlegen Sie erst, bevor Sie weiterlesen!)

▷ Die Befreiung von der Leistungspflicht des Verkäufers, der den Untergang der Kaufsache nicht zu vertreten hat (ob er ihn zu vertreten hat, richtet sich bekanntlich nach § 276!), ergibt sich aus § 275 Abs. 1 (Vorschriften erneut lesen!).

Hat in diesem Fall auch der Käufer den Untergang der Sache nicht zu vertreten, verliert der Verkäufer seinen Anspruch auf die Gegenleistung (vgl. § 323 Abs. 1 – lesen!).

■ Im Gegensatz zum Stückkauf wird indessen beim Gattungskauf nicht eine ganz bestimmte Sache geschuldet, sondern was schuldet der Verkäufer dem Käufer?

▷ »Irgendeine« Sache aus einer bestimmten Gattung.

■ Wie muß diese Sache grundsätzlich beschaffen sein?

▷ Es muß eine »Sache von mittlerer Art und Güte« geliefert werden (vgl. § 243 Abs. 1 – nachlesen!).

Geht die nur der Gattung nach bestimmte Sache unter, ist der Verkäufer grundsätzlich – unabhängig davon, ob er den Untergang der Gattungssache verschuldet hat oder nicht – weiterhin zur Lieferung einer gleichwertigen Gattungssache verpflichtet.

■ Aus welcher Vorschrift folgt das? (Überlegen Sie!)

▷ Die Antwort gibt Fußnote [39]!

■ Welche beiden Ausnahmen von dem Grundsatz, daß der Verkäufer sich die Gattungssache zur Erfüllung des Kaufvertrages neu beschaffen muß, kennen wir? (Nachdenken, dann weiterlesen!)

▷ (1) Wenn es sich bei der Gattungsschuld um eine »Vorratsschuld«[40] handelt und
(2) wenn sich eine ursprüngliche Gattungsschuld zur »Stückschuld konkretisiert« hat.

■ Was muß der Schuldner tun, damit diese Konkretisierung eintreten kann, und wovon hängt es ab, zu welchem Zeitpunkt er dies getan hat? (Überlegen Sie und versuchen Sie die Frage selbst zu beantworten . . .)

▷ Die Gattungsschuld wird zur Stückschuld, wenn »der Schuldner das zur Leistung (einer solchen Sache) seinerseits Erforderliche getan« hat (= § 243 Abs. 2 – lesen). Wann dies der Fall ist, richtet sich danach, ob eine Hol-, Bring- oder Schickschuld vorliegt[41].

39 § 279!
40 vgl. Teilband 1, S. 45
41 zur Wiederholung vgl. Teilband 1, S. 43 f.

Aus der grundsätzlichen Verpflichtung des Verkäufers, im Falle des Unterganges einer Gattungssache eine andere Sache gleicher Art und Güte liefern zu müssen, ergeben sich für das Gewährleistungsrecht, bei dem es nicht um den Untergang der Sache, sondern »nur« um Mängel an der Sache geht, besondere Probleme.

Wo diese Probleme liegen, können Sie selbst herausfinden, wenn Sie sich noch einmal folgende Frage stellen:

■ Was für eine Sache wird beim Gattungskauf nach § 243 Abs. 1 geschuldet?

▷ »Eine Sache mittlerer Art und Güte«.

■ Hat der Schuldner, wenn er eine Sache aus der Gattung liefert, die mit einem »Sachmangel« versehen ist, seine Schuld nach § 243 Abs. 1 erfüllt oder nicht?

▷ Nein! Er hat nicht irgendeine Sache von »mittlerer Art und Güte« aus dieser Gattung geliefert, sondern eine Sache »minderwertiger« Art und Güte!

Hierin liegt nicht nur eine fehlerhafte Erfüllung, wie das bei Lieferung einer fehlerhaften Stückschuld der Fall wäre, sondern es liegt tatsächlich »Nichterfüllung« vor!

Sofern man sich beim Gattungskauf allein an der Regelung des § 243 orientiert, ist eine »fehlerhafte« Leistung begrifflich eigentlich gar nicht denkbar. Denn nochmals: Wird eine Sache aus der Gattung geliefert, die von mittlerer Art und Güte ist, ist der Vertrag erfüllt.

Wird dagegen eine Sache geliefert, die nicht von mittlerer Art und Güte ist, ist die Leistungsverpflichtung nicht »schlecht«, sondern überhaupt nicht erfüllt!

Das hat zur Folge, daß die Vorschriften des Gewährleistungsrechts, die wir bisher kennengelernt haben, also insbesondere die Anspruchsgrundlagen § 462 (Wandelung und Minderung) sowie § 463 (Schadensersatz) bei Gattungsschulden nicht zur Anwendung kommen können. Denn diese Vorschriften gelten ihrem Wortlaut nach nur für die Schlechterfüllung, aber nicht für die Nichterfüllung.

Um Klarheit zu schaffen, hat der Gesetzgeber in § 480 Abs. 1 ausdrücklich festgelegt, daß die Ansprüche auf Wandelung oder Minderung auch geltend gemacht werden können, wenn eine »mangelhafte Gattungssache« geliefert wurde.

Die Besonderheit der Gattungsschuld, nämlich die Tatsache, daß im Regelfall gerade noch gleiche mangelfreie Sachen existieren, wurde dadurch berücksichtigt, daß man dem Käufer zugesteht, statt Wandelung oder Minderung die Lieferung einer neuen, mangelfreien Sache zu verlangen (§ 480 Abs. 1 – lesen). Während § 480 Abs. 1 somit die Sondervorschrift für den Gattungskauf gegenüber § 462 für den Stückkauf darstellt, ist § 480 Abs. 2 (lesen) die entsprechende Vorschrift zu § 463.

e) Verjährung von Gewährleistungsansprüchen

Gem. § 477 Abs. 1 S. 1 (lesen) verjähren die Ansprüche des Käufers auf Wandelung, Minderung oder Schadensersatz wegen Nichterfüllung, sofern der Verkäufer den Sachmangel nicht arglistig verschwiegen hat[42], beim Kauf von beweglichen Sachen in sechs Monaten vom Zeitpunkt der Ablieferung an. Der Beginn der Verjährungsfrist setzt nicht die Kenntnisnahme des Käufers von dem Mangel, sondern die Möglichkeit voraus, die Sache zu untersuchen und von vorhandenen Mängeln Kenntnis zu nehmen. Gelingt ihm dies innerhalb dieser Zeit nicht, kann der Mangel nicht so gravierend gewesen sein, daß der Käufer noch Gewährleistungsansprüche geltend machen soll: Zweck der kurzen Verjährung ist nach den Begründungen des Gesetzgebers[43], daß die Feststellung von Sachmängeln nach längerer Zeit kaum noch möglich und für den Verkehr das Zurückgreifen auf solche Mängel nach einiger Zeit in höchstem Grade lästig und hemmend sei.

Beim Grundstückskauf gilt – wie Sie gelesen haben (!?) – eine Verjährungsfrist von einem Jahr seit Übergabe[44].

Die kurzen Verjährungsfristen haben zur Folge, daß nach Rechtsprechung und Lehre die Anfechtung gem. § 119 Abs. 2 wegen eines Irrtums über eine »verkehrswesentliche Eigenschaft«, der vorliegen kann, wenn der auf die Lieferung einer mangelfreien Sache vertrauende Käufer eine fehlerhafte Sache geliefert bekommt, nicht zulässig ist. Anderenfalls wäre die kurze Verjährungsfrist nach »Ablieferung« sinnlos, da die Anfechtungsfrist des § 121 (nachlesen!) erst »unverzüglich« nach Kenntnisnahme vom Irrtum (bzw. vom Fehler . . .) beginnt. Sofern das Fehlen einer verkehrswesentlichen Eigenschaft nicht mit ei-

42 **Dann gilt die 30-jährige Verjährungsfrist gem. § 195!**

43 vgl. Motive II, S. 328; zu den »Motiven« vgl. *meine* Grundzüge, Bd. I, S. 24

44 **Besser wäre hier der Begriff »Besitzerlangung«: Versuchen Sie doch einmal, ein Grundstück zu »übergeben« . . . (im Sachenrecht des BGB ist diese Schwierigkeit berücksichtigt: vgl. § 873)**

nem Fehler i. S. d. Gewährleistungsrechts identisch ist, ist eine Anfechtung aus anderen Gründen selbstverständlich möglich.

Literatur zur Vertiefung (1. Kapitel, I, 1 und 2):

Alpmann und Schmidt	Schuldrecht BT 1; S. 29–73
Brox	Bes. SchR, Rdnrn. 57–104
Klunzinger	§ 44
Medicus	Schuldrecht II, BT; § 74
Westermann	Grundbegriffe, Kapitel 10

3. Besondere Kaufverträge

Die schuldrechtliche Vertragsfreiheit und einige Spezialvorschriften des BGB bzw. seiner Nebengesetze ermöglichen eine Vielzahl von Kaufvertragstypen, die vom gesetzlichen Grundtyp des in § 433 umschriebenen Vertrages abweichen[45].

a) Kauf unter Eigentumsvorbehalt

Beim »Eigentumsvorbehalt« handelt es sich um eine Vereinbarung zwischen dem Verkäufer und dem Käufer einer beweglichen Sache, wonach das Eigentum an der Sache trotz (Besitz-)Übergabe an den Käufer bis zur vollständigen Zahlung des Kaufpreises beim Verkäufer verbleiben soll[46]. Das setzt voraus, daß der Verkäufer dem Käufer gestattet hat, den Kaufpreis für die Sache nicht sofort (»Zug um Zug«) zu bezahlen, sondern einen Kredit (ratenweise Zahlung des Kaufpreises) gewährt hat.

Lesen Sie § 455! Sofern Sie bei der »aufschiebenden Bedingung« nicht sogleich an § 158 gedacht haben, unterstreichen Sie diesen Begriff im Gesetzestext und notieren »§ 158 Abs. 1« (nachlesen!) am Rand!

45 *Eine interessante Auflistung findet sich bei Klunzinger, § 44 II*
46 vgl. *Larenz*, SchR II/1, § 43 II

Zweck des Eigentumsvorbehaltes ist in erster Linie, Lieferantenkrediten (Warenkrediten) als Sicherungsmittel zu dienen. Die rechtliche Konstruktion des Eigentumsvorbehalts (§ 455 nochmals lesen!) zeigt, wie wichtig es ist, das Abstraktionsprinzip[47] zu beherrschen: Nicht die Kaufpreisforderung wird dadurch gesichert, sondern der Herausgabeanspruch des Verkäufers[48], anders ausgedrückt: der Kaufvertrag, das schuldrechtliche Verpflichtungsgeschäft, wird sofort wirksam, während das sachenrechtliche Verfügungsgeschäft, die Übertragung des Eigentums gem. § 929 S. 1, noch nicht vollständig vollzogen wird. Zwar erhält der Käufer die Sache schon zu Besitz (Übergabe i. S. v. § 929 S. 1), doch die Einigung über den Eigentumsübergang erfolgt unter der aufschiebenden Bedingung (§ 158 Abs. 1), daß das Eigentum erst mit Zahlung des vollständigen Kaufpreises (der letzten Rate) vom Verkäufer auf den Käufer übergehen soll. Nicht »der Kaufvertrag« (was von Anfängern leider häufig verwechselt wird, obwohl der Wortlaut von § 455 eindeutig ist) ist »aufschiebend bedingt«, sondern »die Übertragung des Eigentums«! Das ist so wichtig, daß wir uns die rechtliche Konstruktion des Eigentumsvorbehaltes anhand von Übersicht 3 (Teil 1) verdeutlichen wollen, bevor wir mehr dazu erfahren:

47 vgl. *meine* Grundzüge, Bd. I, S. 148 ff.
48 vgl. *Reinicke/Tiedtke*, Kaufrecht, S. 351 f.

Übersicht 3 (Teil 1):

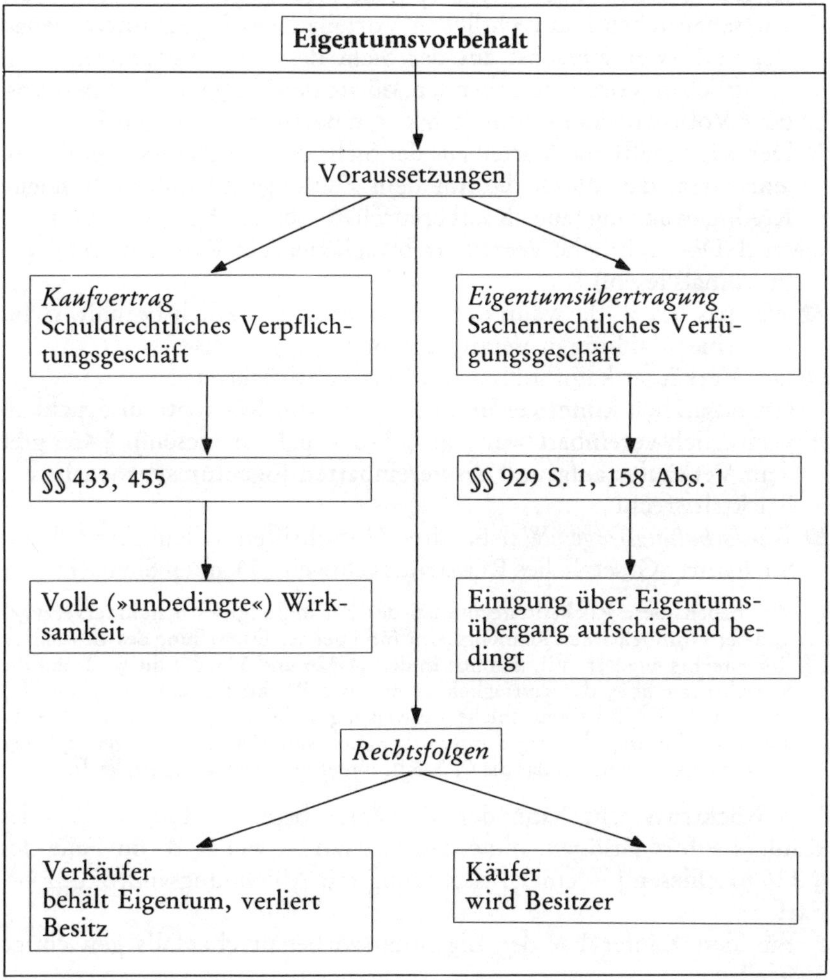

■ Wenn wir uns die rechtliche Konstruktion des Eigentumsvorbehaltes klar gemacht haben, liegt es nahe zu fragen: »Worin liegen die wirtschaftlichen und rechtlichen Vorteile eines Eigentumsvorbehaltes, und zwar zunächst aus der Sicht des *Verkäufers?*« Den wirtschaftlichen Vorteil zu erkennen, dürfte dem (angehenden) Betriebs- oder Volkswirt kaum Schwierigkeiten bereiten (überlegen Sie!).

▷ Der wirtschaftliche Vorteil aus der Sicht des Verkäufers liegt vor allem darin, daß durch die mit dem Zahlungsaufschub verbundene Kreditgewährung die Kaufbereitschaft seiner Kunden gefördert wird. Der rechtliche Vorteil ergibt sich aus dem Wortlaut von § 455 (nochmals lesen!).

■ Was passiert z. B., wenn der Käufer nicht pünktlich bezahlt, d. h., mit seiner Zahlung in Verzug kommt?

▷ Der Verkäufer kann sofort vom Vertrag zurücktreten.
Grundsätzlich könnte er dies nur, wenn ein Rücktritt ausdrücklich vertraglich vereinbart war (vgl. § 346 – ggf. nachlesen!). § 455 gibt dem Verkäufer aufgrund des vereinbarten Eigentumsvorbehalts ein Rücktrittsrecht.

■ *Wiederholungsfrage:* Welche drei Vorschriften fallen Ihnen beim Stichwort »Gesetzliches Rücktrittsrecht« ein? Denken Sie nach!

▷ Wir haben diese Rücktrittsrechte bei der Behandlung des Schuldnerverzuges und der Unmöglichkeit kennengelernt (und bei der Darstellung des Gewährleistungsrechts wiederholt!), nämlich in den §§ 326 und 325, für die § 327 auf die Vorschriften über das vertraglich vereinbarte Rücktrittsrecht (= §§ 346 ff.) verweist. In § 455 ist eine solche Verweisung nicht nötig, da dort per Gesetz die Vereinbarung des Eigentumsvorbehaltes »im Zweifel« als vertragliches Rücktrittsrecht gilt, auf das die §§ 346 ff. ohnehin Anwendung finden[49].

Das Rücktrittsrecht kann der Verkäufer beim Zahlungsverzug des Käufers sofort ausüben, ohne daß es dazu – wie z. B. im Falle des § 326 (nachlesen!) – einer Fristsetzung mit Ablehnungsandrohung bedarf.

Für den Käufer hat der Eigentumsvorbehalt ebenfalls gewichtige Vorteile.

49 Falls dieser Gedankengang zu schwierig war, lesen Sie das »Kleingedruckte« oben nochmals: § 455 enthält kein »gesetzliches Rücktrittsrecht«, wie die §§ 325, 326, sondern ist eine Auslegungsregel, die besagt, daß der Verkäufer beim Verzug des Käufers aufgrund des vereinbarten Eigentumsvorbehalts ein vertragliches Rücktrittsrecht hat . . .

■ Worin liegt wohl der wirtschaftliche Vorteil?

▷ Darin, daß der Käufer über die Sache bereits verfügen und sie nutzen (= damit wirtschaften) kann, obwohl er sie noch nicht bezahlt hat. Der erwirtschaftete Gewinn erleichtert ihm i. d. R. die Kreditrückzahlung.

Die rechtlichen Vorteile des Eigentumsvorbehaltes für den Käufer wollen wir anhand des nächsten Falles untersuchen.

Übungsfall 3
Balthasar Berg (B) hat sich bei Albert Abel (A) einen Farbfernseher unter Eigentumsvorbehalt gekauft und von dem Kaufpreis von 1 000,– DM bereits 900,– DM bezahlt. Er will diesen Farbfernseher, da er plötzlich dringend Geld braucht, an Casimir Craushaar (C) für 900,– DM weiterverkaufen. Er tritt an C »alle Rechte bezüglich des Fernsehers ab« und verpflichtet sich, die letzten 100,– DM an A selbst zu bezahlen. Wie kann C, der von dem Eigentumsvorbehalt weiß, Eigentum an dem Fernseher erwerben?

An der Fallfrage erkennen Sie, daß wir uns ein weiteres Mal mit dem Sachenrecht beschäftigen müssen. Denn daß der Erwerb des Eigentums im Sachenrecht, nämlich in den §§ 929 ff., geregelt ist, wissen Sie ja schon.

■ Überlegen Sie vorab, auf welche Weise C das Eigentum erwerben könnte, wenn B ihm den Eigentumsvorbehalt verschwiegen hätte?

▷ Die Antwort gibt § 932 Abs. 1 S. 1 (lesen!), der natürlich nicht »paßt«, da dem C der Eigentumsvorbehalt bekannt ist.

Beim Eigentumsvorbehalt räumt, wie Sie gelesen haben, der Verkäufer dem Käufer die Chance ein, durch Zahlung des vollen Kaufpreises Eigentümer zu werden. Da die Sache bereits übergeben ist, hängt die Verwirklichung dieser Chance nur noch vom Käufer ab.

■ Wieso? Überlegen Sie wieder selbst, bevor Sie weiterlesen!

▷ Je mehr er schon von dem Kaufpreis bezahlt hat, desto näher rückt er dem Eigentumserwerb. Mit anderen Worten: Sein Recht auf den Eigentumserwerb wird mit jeder Zahlung stärker.

Man bezeichnet dieses Recht als »Anwartschaftsrecht«[50]. Das Anwartschaftsrecht ist einerseits erst ein im Wachsen begriffenes Eigentum, wird aber andererseits in vielen Beziehungen schon dem Eigentum gleichgestellt. Man bezeichnet es gegenüber dem Eigentum als ein »we-

50 *Zur Einordnung des Begriffes vgl.* Medicus, *BR, Rdnr. 456*

sensgleiches Minus«[51]. Das Anwartschaftsrecht ist ein dingliches, selbständiges Recht wie das Vollrecht Eigentum und kann unter entsprechender Anwendung der §§ 929 ff. übertragen werden. So kann der Käufer sein Anwartschaftsrecht z. B. auch verpfänden oder abtreten. Letzteres hat auch B in unserem Fall getan, indem er alle Rechte bezüglich des Fernsehers an C abgetreten hat. Damit müßten Sie eigentlich auch schon unsere Fallfrage beantworten können.

■ Wie kann C das Eigentum an dem Fernseher erwerben? (Wie hätte B selbst das Eigentum erworben?)

▷ Mit Zahlung der letzten Kaufpreisrate durch B an A wird C automatisch Eigentümer. Das Anwartschaftsrecht, aufgrund dessen B selbst mit Zahlung der letzten Rate Eigentümer geworden wäre, hat B wirksam an C abgetreten. C ist in die Stellung des B als Anwartschaftsberechtigter eingerückt.

Was passiert mit dem Anwartschaftsrecht, wenn z. B. der Verkäufer, dem aufgrund des Eigentumsvorbehaltes vorerst noch das Eigentum zusteht, über dieses Eigentum nochmals verfügt? Daß dies nicht nur eine theoretische Überlegung, sondern auch praktisch möglich ist, verdeutlicht der nächste Fall[52].

Übungsfall 4

Die Argus-Computertechnik-AG (A) liefert an die Bifi-Filmgesellschaft mbH (B) einen Roboter unter Eigentumsvorbehalt. B verwendet den Roboter für die Fernsehwerbung und macht ihn daher weit bekannt. Unter anderem interessiert sich die Polizei von Camphausen (C) für das Gerät. Es kommt zu Kaufverhandlungen zwischen A und C, bei denen A vorgibt, sie habe den Roboter an B nur kurzfristig vermietet und könne ihn sofort liefern. Daraufhin kauft C den Roboter und läßt sich die Herausgabeansprüche der A gegen B abtreten. Alsdann verlangt C den Roboter von B heraus. Ist sie dazu berechtigt, wenn B ihre Kaufpreisrate an A bisher immer pünktlich gezahlt hat?

C wäre berechtigt, den Roboter herauszuverlangen, wenn A ihr wirksam das Eigentum an dem Roboter übertragen hätte, da C als neuer Eigentümer gegen B einen Herausgabeanspruch nach § 985 (lesen!) hätte.

■ Was ist zur Eigentumsübertragung grundsätzlich erforderlich?

51 BGHZ 28, 21 – Nachweise zum Meinungsstreit, auf den hier nicht einzugehen ist, vgl. *Palandt/Heinrichs*, Einf. vor § 158, Rdnr. 9

52 nach *Wieser, E.*, Einführung in das Bürgerliche Recht mit Allgemeinem Teil und Übung, 1982; Rdnr. 478

▷ § 929 S. 1: Einigung und Übergabe!

■ Die Einigung zwischen A und C liegt vor. Wie aber steht es mit der Übergabe? Der Roboter ist im Besitz der B. Konnte A trotzdem über das Eigentum verfügen?

▷ Die Antwort gibt § 931 (lesen): Danach kann, wenn – wie B – ein Dritter im Besitz der Sache ist, die von § 929 S. 1 für den Eigentumsübergang geforderte Übergabe grundsätzlich durch die Abtretung des *schuldrechtlichen* Herausgabeanspruches[53] ersetzt werden. Demnach konnte A an C gem. § 929 S. 1 i. V. m. § 931 durch Einigung und Abtretung des Herausgabeanspruches das Eigentum übertragen, so daß der Herausgabeanspruch der C gegen B aus § 985 begründet sein könnte.

■ Was könnte dem Herausgabeanspruch aber entgegenstehen? Was würden Sie anstelle der B der C entgegenhalten, wenn diese die Herausgabe des Roboters verlangt?

▷ Daß B aufgrund des vereinbarten Eigentumsvorbehaltes zum Besitz berechtigt ist; solange B die Raten pünktlich zahlte, hatte A kein Recht zum Rücktritt nach § 455. Der zwischen dem Verkäufer und Käufer abgeschlossene Eigentumsvorbehaltskauf gewährt dem Käufer ein Recht zum Besitz und zur Benutzung der Sache, solange der Kaufvertrag zwischen den Parteien Bestand hat und der Käufer seine Raten pünktlich zahlt. B könnte daher gegenüber A die Herausgabe verweigern. Dies ist im Gesetz ausdrücklich geregelt, und zwar in § 986 (lesen Sie § 986 Abs. 1 S. 1 und Abs. 2).

■ Was folgt daraus, wenn Sie wissen, daß B die Herausgabe gegenüber A verweigern könnte?

▷ B kann die Herausgabe auch gegenüber C verweigern! Aufgrund ihres erworbenen Anwartschaftsrechts wird B mit Zahlung der letzten Rate Eigentümer.

Die Übereignung des Roboters von A an C ist unwirksam. Dies ergibt sich übrigens auch ausdrücklich aus einer Vorschrift des Allgemeinen Teils des BGB, aus § 161 Abs. 1 S. 1 (lesen!).

§ 161 Abs. 1 S. 1 BGB schützt, ohne daß dies ausdrücklich formuliert ist, auch den Eigentumsvorbehaltskäufer, der ein Anwartschaftsrecht erworben hat. –

53 **Anspruch aus § 556 oder § 812! Der sachenrechtliche Anspruch aus § 985 ist nach h.M. nicht abtretbar** (vgl. *Palandt/Bassenge*, § 931, Rdnr. 3).

Was wir bisher über den Eigentumsvorbehalt gehört haben, betraf den sog. »einfachen Eigentumsvorbehalt«, den das Gesetz in § 455 BGB geregelt hat. Daneben gibt es noch einige Sonderformen[54] des Eigentumsvorbehaltes, von denen ich Ihnen – ohne in diesem begrenzten Rahmen ausführlicher darauf eingehen zu können – nur eine der wichtigsten noch kurz vorstellen möchte, den *verlängerten Eigentumsvorbehalt*[55]:

Beim verlängerten Eigentumsvorbehalt gestattet der Verkäufer (A) dem Käufer (B), die unter Eigentumsvorbehalt gelieferte Ware weiterzuverkaufen und dem Zweiterwerber (C) das Eigentum zu übertragen, indem er in die Eigentumsübertragung nach § 185 Abs. 1 (lesen!) einwilligt[56]. Da A so die Sicherheit verliert, die er sich durch den Eigentumsvorbehalt verschafft hatte, »verlängert« er seinen Eigentumsvorbehalt, indem er sich die Kaufpreisforderung des B gegen C aus dem Weiterverkauf abtreten läßt[57]. Zur Verdeutlichung eine kleine Skizze:

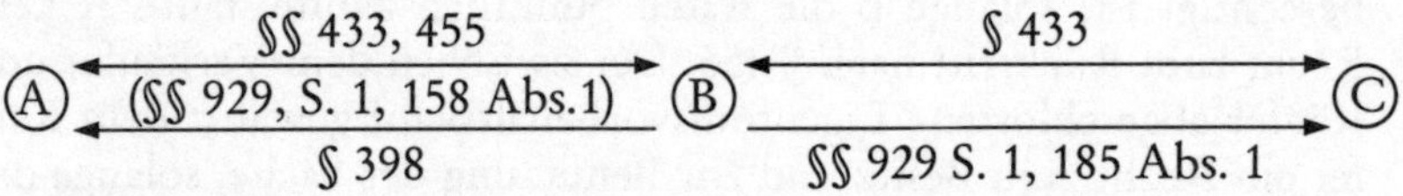

Wiederholen Sie das zum Eigentumsvorbehalt Gelernte anhand der (auf S. 36) folgenden Übersicht 3 (Teil 2).

b) Abzahlungskauf

Wie Sie an den Fällen zum Eigentumsvorbehalt gesehen haben, gewährt der Eigentumsvorbehaltsverkäufer dem Käufer regelmäßig einen (Waren-)kredit, indem er ihm die Ware bereits zur Nutzung überläßt, ihm aber die Zahlung des Kaufpreises stundet, ihm also gestattet, den Kaufpreis später zu zahlen. Erfolgt diese Zahlung in mehreren Raten, spricht man grundsätzlich von einem »Abzahlungskauf«.

54 *ausführlich dargestellt bei* Reinicke/Tiedtke, *S. 376–399 – dort auch sehr interessant der nachfolgende Abschnitt »Pool-Vereinbarungen«, S. 400 ff.*

55 *a. a. O., S. 400–406*

56 **Zur Erinnerung: Die Legaldefinition der Einwilligung befindet sich in § 183 . . .**

57 vgl. Fn. 55

Da der Verkäufer sich nicht sicher sein kann, ob die Raten pünktlich oder überhaupt gezahlt werden, geht er ein nicht unerhebliches Risiko ein, zumal er befürchten muß, im Falle des Rücktritts die noch in seinem Eigentum stehende Kaufsache in mehr oder minder stark abgenutztem Zustand zurückzubekommen. Der Verkäufer versucht deshalb oft, sich durch harte Vertragsbedingungen vor Verlusten zu schützen.

Um zu verhindern, daß der Verkäufer im Vertrag die mit dem Abzahlungsverkauf verbundenen Risiken umfassend auf den Käufer abwälzt, hat der Gesetzgeber sehr frühzeitig, nämlich bereits 1894, das Abzahlungsgesetz geschaffen.

Das Abzahlungsgesetz hatte in erster Linie den Zweck, den in der Regel sozial- und finanzschwächeren Käufer zu schützen. An die Stelle des Abzahlungsgesetzes ist mit Wirkung vom 1.1.1991 das Verbraucherkreditgesetz vom 17. 12. 1990 (VerbrKrG)[58] getreten. Im Gegensatz zum alten Abzahlungsgesetz erfaßt das VerbrKrG nicht nur *Kauf*verträge, die mit einer Kreditgewährung verbunden sind, sondern alle Arten von entgeltlichen Kreditverträgen. Das VerbrKrG wird daher erst im Anschluß an das *Darlehen* erläutert.[59]

58 vgl. Gesetz Nr. 5 in der BGB-Textausgabe im dtv (Bd. 5001)
59 vgl. unten S. 67 ff.

Übersicht 3 (Teil 2):

Eigentumsvorbehalt

I. *Inhalt* (Voraussetzungen und Rechtsfolgen)

1. Wirksamer Kaufvertrag über bewegliche Sache gem. § 433; Zahlung des vollen Kaufpreises folgt später (ggf. Raten).
2. Eigentumsübertragung gem. § 929 S. 1 unter aufschiebender Bedingung gem. § 158 Abs. 1.
3. Bedingung betrifft Einigung nach § 929 S. 1: Eigentum soll erst an den Käufer übergehen, wenn Kaufpreis vollständig bezahlt ist (Verkäufer gewährt Kredit!).
4. Übergabe nach § 929 S. 1 erfolgt sofort: Käufer wird Besitzer und kann die Sache nutzen.

II. *Vorteile für den Verkäufer*

1. Durch Kreditgewährung Förderung der Kaufbereitschaft (= wirtschaftlicher Vorteil)
2. Bei Zahlungsverzug des Käufers
   direkt (ohne Fristsetzung) → [Rücktritt] → *möglich* (= rechtlicher Vorteil)
   [Rücktritt] ↓ [§§ 346 ff.]

III. *Vorteile für den Käufer*

1. Käufer kann die Sache nutzen, ohne schon bezahlt zu haben (= wirtschaftlicher Vorteil)
2. Käufer erwirbt → [Anwartschaftsrecht] → auf Eigentumserwerb (= rechtlicher Vorteil)
   - [Anwartschaftsrecht] → [»Werdendes Eigentum«]
   - [Anwartschaftsrecht] → [»Wesensgleiches Minus« zum Eigentum]
   - [Anwartschaftsrecht] → [Selbständiges, dingliches Recht] → Kann entsprechend §§ 929 ff. wie Eigentum übertragen (auch verpfändet) werden.
   - *Schutz des Anwartschaftsrechts:* → [*§ 161 Abs. 1 S. 1*] → Nochmalige Verfügungen des Verkäufers über sein Eigentum (z. B. gem. § 931) sind unwirksam!

IV. Sonderform des Eigentumsvorbehalts

Verlängerter Eigentumsvorbehalt:
Verkäufer gestattet Weiterverkauf der Ware durch Käufer (Einwilligung in die Übergabe gem. § 185 Abs. 1) und läßt sich die Kaufpreisforderungen im voraus zur Sicherung abtreten (vgl. §§ 398 ff.)

4. Tausch

Der Tausch spielt in der Rechtspraxis eine so geringe Rolle[60], daß man ihn in einem »Grundzüge«-Werk eigentlich nicht erwähnen müßte; aber das BGB widmet ihm im »Ersten Titel« des »Siebten Abschnitts« immerhin eine römische Ziffer (»IV. Tausch«)!

Der Tauschvertrag war der Vorläufer des Kaufvertrages zu Zeiten, als das Zahlungsmittel Geld noch nicht existierte. Aufgrund des Tausches werden nicht Geld und Sachen (bzw. Rechte) wechselseitig übereignet, sondern Sachen gegen Sachen ausgetauscht. Das BGB setzt diese Kenntnis offensichtlich bei jedermann voraus; denn der Tausch wird im Gesetz nicht definiert, sondern in § 515 (lesen) wird lediglich gesagt; daß auf den Tausch die Vorschriften über den Kauf entsprechende Anwendung finden.

II. Schenkung

Etwas ausführlicher ist die Schenkung geregelt, die bereits in der Übersicht über die Arten der Rechtsgeschäfte[61] erwähnt wurde.

Das Schenkungsrecht des BGB ist in den §§ 516–534 geregelt (§ 516 Abs. 1 lesen!).

■ Was schließen Sie aus der Formulierung, »wenn beide Teile sich darüber einig sind«? (Überlegen Sie!)

▷ Daß es sich bei der Schenkung um einen Vertrag, nicht nur um ein einseitiges Rechtsgeschäft handelt! Der Beschenkte muß die Schenkung auf jeden Fall annehmen (»Vertragsfreiheit« = »Niemand darf zu seinem Glück gezwungen werden«).

■ Zwischenfrage: Handelt es sich bei § 516 Abs. 1 um eine »Anspruchsgrundlage«? (Nachdenken!)

▷ Aus § 516 Abs. 1 folgt nicht, daß der Beschenkte vom Schenker (umgekehrt sowieso nicht) etwas verlangen kann, bzw., daß der Schenker zu einer Leistung[62] verpflichtet ist. § 516 besagt nur, daß eine Schenkung vollzogen ist, wenn beide Vertragspartner sich über die Unentgeltlichkeit der Vermögenszuwendung einig sind. Man nennt die in § 516 Abs. 1 beschriebene Schenkung auch »Hand-

60 so auch *Larenz*, SchR II/1, S. 194, der dazu immerhin zwei Seiten schreibt
61 Teilband 1, S. 9, Übersicht 1
62 vgl. § 241 sowie § 194

schenkung«[63]. Einen Anspruch hat der Beschenkte gegenüber dem Schenker, wenn die Schenkung noch nicht vollzogen, sondern erst versprochen wurde.

■ Aus welcher Anspruchsgrundlage folgt dieser Anspruch? (Suchen Sie die Vorschrift im Gesetz!)

▷ Obwohl die wörtliche Formulierung dieser Vorschrift nicht so eindeutig ist wie § 433 Abs. 1 S. 1, in dem es ja heißt, daß der Verkäufer zur Übereignung der Sache »verpflichtet« ist, folgt aus der Formulierung von § 518 Abs. 1 (lesen!), daß der Beschenkte vom Schenker bei Formgültigkeit des Schenkungsvertrages die versprochene Leistung verlangen kann; denn eine Leistung in einem Vertrag zu versprechen bedeutet nichts anderes, als daß man sich dazu verpflichtet, die Leistung zu erbringen bzw. daß der Vertragspartner diese Leistung verlangen kann.

■ Was ist der Grund dafür, daß das Schenkungsversprechen einer notariellen Beurkundung bedarf?

▷ Die notarielle Beurkundung hat eine Art Warn- und Schutzfunktion und soll den Schenker, der Vermögenswerte aufgibt, ohne eine Gegenleistung dafür zu bekommen, vor übereilter Großzügigkeit schützen.

Ein Schenkungsversprechen ohne notarielle Beurkundung ist nichtig und kann dem Beschenkten keinen Anspruch geben. (Aus welcher Vorschrift folgt die Nichtigkeit? Erinnern Sie sich an den »Allgemeinen Teil des BGB« und suchen Sie ggf. dort!)[64]

Allerdings wird dieser Formmangel geheilt, wenn das formwidrige Schenkungsversprechen vom Schenker erfüllt wird (§ 518 Abs. 2 – lesen!).

■ An welche Vorschrift erinnert Sie § 518 Abs. 2?

▷ Überlegen Sie! Antwort: Fußnote[65]!

Da der Schenkung in der Praxis des Rechtslebens keine allzugroße Bedeutung zukommt, wollen wir uns mit dem Schenkungsrecht nicht ausführlicher beschäftigen und abschließend drei Vorschriften im Gesetz etwas näher ansehen:

63 *lat. »donatio manu«*

64 **Auflösung des Suchrätsels: § 125**

65 **an § 313 S. 2**

(1) § 525 (lesen): Eine Auflage ist die einer Schenkung hinzugefügte Bestimmung, daß der Empfänger zu einer Leistung verpflichtet sein soll. Da dies eine Nebenbestimmung ist, wird allerdings aus der Schenkung durch die Auflage nicht etwa ein »gegenseitiger Vertrag«[66]. Eine Auflage kann sowohl im Interesse des Schenkers, des Beschenkten als auch eines Dritten liegen.

Beispiel:
Der reiche Onkel aus Amerika schenkt einem Neffen ein Grundstück samt Haus mit der Auflage, daß dieser an die beiden anderen Neffen je 10 000,– DM zahlen soll.

Wird diese Auflage[67] nicht erfüllt, kann der Schenker den geschenkten Gegenstand zurückfordern (§ 527).

(2) § 528 (lesen): Stellt sich heraus, daß der Schenker aufgrund der Schenkung derart verarmt ist, daß er nicht (einmal) mehr seinen Unterhalt bezahlen kann, kann er das Geschenkte zurückfordern.
(3) § 530 (lesen): Hiernach kann eine Schenkung wegen groben Undanks des Beschenkten wieder rückgängig gemacht werden (z. B. körperliche Mißhandlung oder gar Bedrohung des Lebens des Schenkers – »Einmal geschenkt, bleibt geschenkt, wiederholen ist gestohlen« hat nur bedingte Geltung).
Einen kurzen Überblick über das Schenkungsrecht gibt Übersicht 4.

66 *vgl. Teilband 1, S. 7 f.*
67 **Der durch die Auflage Begünstigte hat übrigens keinen direkten Anspruch gegen den Beschwerten!**

Übersicht 4:

Schenkung – §§ 516–534
– *Begriff: § 516* = Unentgeltliche Vermögenszuwendung, über die beide Vertragsteile einig sind (»Handschenkung«)
– *Schenkungsversprechen: § 518 Abs. 1* – Notarielle Beurkundung erforderlich (»Warn- und Schutzfunktion«). Mangel der Form wird durch Vollzug geheilt (vgl. auch § 313 S. 2) – § 518 Abs. 2; sonst: § 125 – Bei formgültigem Versprechen kann Zuwendungsempfänger Vollzug verlangen – Anspruchsgrundlage ist § 518 Abs. 1.
– *Schenkung unter Auflage: §§ 525–527* Auflage ist *Neben*bestimmung, die im Interesse des Schenkers, des Beschenkten oder eines Dritten liegen kann. – Wird Auflage nicht erfüllt: Rückforderung gem. § 527 –
– *Rückforderung wegen Verarmung des Schenkers: § 528* – *Rückforderung wegen groben Undanks des Beschenkten: § 530*

2. Kapitel: Gebrauchsüberlassungsverträge

I. Miete

1. Wesen des Mietvertrages

Von weitaus größerer Bedeutung in der Rechtspraxis und im täglichen Leben ist das Mietrecht, mit dem wir uns näher befassen wollen. Das Mietrecht ist im BGB unmittelbar im Anschluß an das Schenkungsrecht geregelt, also in den §§ 535 ff. Lesen Sie § 535!

Das Wesen des Mietvertrages liegt darin, daß der Vermieter dem Mieter eine Sache zum Gebrauch überläßt und der Mieter dafür bezahlt. Genauer: Der Vermieter überläßt dem Mieter die Sache, *»damit«* er dafür bezahlt. Und der Mieter bezahlt den Mietzins nur, *»damit«* er von der Mietsache Gebrauch machen kann.

■ Um was für eine Art von Vertrag in Bezug auf das Leistungsverhältnis handelt es sich?

▷ Der Mietvertrag ist ebenso wie der Kaufvertrag ein gegenseitiger Vertrag!

■ Welche Vorschriften gelten demnach, wenn es zu Störungen des Mietvertrages kommt?

▷ Sofern nicht besondere Vorschriften des Mietrechts eingreifen, gelten auch die §§ 320 ff.

2. Zustandekommen des Mietvertrages

Wie jeder Vertragsschluß setzt auch der Mietvertrag ein Zustandekommen nach den allgemeinen Vorschriften der §§ 145 ff., also Angebot und Annahme, voraus. Mit anderen Worten: Die Parteien müssen sich über den Vertragsschluß und den Inhalt des Vertrages einig sein. Dabei gilt für den Mietvertrag selbstverständlich auch der Grundsatz der Vertragsfreiheit, d. h., die gesetzlichen Vorschriften des BGB, insbesondere die Grundvorschrift des § 535, beschreiben den Regeltyp des Mietvertrages und greifen immer nur ein, wenn die Parteien eine besondere Vereinbarung über bestimmte Punkte nicht getroffen haben. Zum Schutze des Wohnraum-Mieters enthält das BGB allerdings eine Anzahl von Regelungen, die nicht zum Nachteil des Mieters abgeändert werden können. Hierbei handelt es sich um zwingendes Recht. Wir kommen später noch auf die wichtigsten dieser zwingenden Vorschriften zu sprechen. Zunächst bleiben wir bei § 535 BGB, aus dem wir entnehmen können, über welche wesentlichen Punkte Einigkeit bestehen muß, damit Angebot und Annahme zu einem wirksamen Mietvertrag führen.

Grundsätzlich bedürfen Mietverträge keiner besonderen Form, d. h. sie können mündlich oder schriftlich abgeschlossen werden. Zu beachten sind indessen die §§ 580 und 566 (in dieser Reihenfolge lesen!): Danach bedürfen Mietverträge über Grundstücke, Wohnräume und andere Räume, die für eine längere Laufzeit als ein Jahr geschlossen werden, der Schriftform. Aber auch bei kürzeren oder auf unbestimmte Zeit geschlossenen Mietverträgen sollten Vermieter und Mieter aus Gründen der Beweissicherheit tunlichst einen schriftlichen Vertrag vorziehen. In der Praxis ist der schriftliche Mietvertrag über Wohnräume häufig in der Form eines vorgedruckten »Einheitsmietvertrages«, dem meist eine »Hausordnung« eingegliedert ist, der Regelfall[68]. Dabei muß der Vertrag von beiden Parteien unterschrieben werden und den gesamten Vertragsinhalt wiedergeben. Schriftliche Einzelabreden genügen nicht.

a) Gegenstand des Mietvertrages

Gegenstand des Mietvertrages können Sachen jeglicher Art sein; Rechte dagegen, die man zwar gem. § 433 Abs. 1 verkaufen kann, können nicht vermietet werden. Vom Begriff der Sache (wo im BGB definiert?[69]) werden bewegliche und unbewegliche Sachen umfaßt. Im einzelnen kommen nahezu alle beweglichen Sachen in Betracht: Bücher, Fahrräder, Kleidungsstücke, Reitpferde* u. a., für deren Benutzung man eine Gebühr entrichtet; auch Zeitschriften aus einem Lesering werden nicht etwa »geliehen«, wie es im Volksmund meist heißt, sondern gemietet.

68 Ein Muster eines »Einheitsmietvertrages« finden Sie im Anschluß an Übersicht 5 zum Mietrecht am Ende dieses Abschnittes (S. 57 ff.)
69 in § 90!
* *Als Mietobjekte – trotz § 90a – als Sachen einzuordnen!*

■ Worin besteht die Gemeinsamkeit und worin der Unterschied von Miete und Leihe (lesen Sie zum Vergleich §§ 535 S. 1; 598!)?

▷ Gemeinsam ist beiden Verträgen die Gebrauchsüberlassung einer Sache; bei der Miete geschieht dies entgeltlich, bei der Leihe unentgeltlich. Auch ein sog. »Leihwagen« ist in der Regel ein Mietwagen. Unbewegliche Sachen, die vermietet werden können, sind in erster Linie Grundstücke, Häuser, Wohnungen und sonstige Gegenstände.

■ Können Sie noch weitere Beispiele für unbewegliche Mietsachen nennen? (Lassen Sie Ihre Phantasie spielen!)

▷ Z. B.: Reklametafeln, Wandflächen, Schließfächer. Nicht erforderlich ist, daß es sich bei der Mietsache um eine selbständige Sache handelt. Auch Teile von Sachen können Gegenstand eines Mietvertrages sein, z. B. ein Stellplatz in einer Tiefgarage.

b) Mietzins

Sofern die Parteien keinen in der Höhe bestimmten Mietzins ausdrücklich festgelegt haben, ist § 315 Abs. 1 (lesen!) anzuwenden: Daraus folgt, daß ein »angemessener« Mietzins als vereinbart gilt. Im Streitfall hat das Gericht darüber zu befinden[70], d. h. einen angemessenen Mietzins festzusetzen. Zum Mietzins gehören nicht die Entgelte für Nebenleistungen (wie bei der Wohnungsmiete z. B. Heizkosten – dazu unten noch mehr).

c) Parteien des Mietvertrages

In den meisten Fällen wird über die Parteien, d. h. über die Person des Vermieters und des Mieters, Klarheit bestehen. Sofern es sich beim Mietobjekt um Wohnungen handelt, treten auf der Mieterseite häufig mehrere Personen (Eheleute, Familie mit Kindern) auf. Bei Ehepartnern ist es heutzutage die Regel, daß beide den Mietvertrag als Mieter unterschreiben. Dies hat für beide Parteien Vor- und Nachteile: Die Ehepartner als Mieter erlangen gemeinsam »Besitz« an der Wohnung und können beide die Rechte des Mieters gegen den Vermieter geltend machen. Andererseits haften sie dem Vermieter auch gemeinsam für die Erfüllung der Pflichten des Mieters. Nichts anderes gilt für in »eheähnlicher Gemeinschaft« lebende Mieter oder »sonstige Personen-

70 vgl. *Palandt/Putzo*, § 535, Rdnr. 30

mehrheiten von Mietern«, wie z. B. Wohngemeinschaften. Sofern nur einer der Ehepartner (oder der sonstigen Personengemeinschaften) den Vertrag unterschreibt, wird der andere Mitbesitzer und hat ein Mitbenutzungsrecht. Die Rechtsprechung hat dies im Hinblick auf § 549 (Abs. 1 lesen!) klargestellt[71]: Wenn der vertragsgemäße Gebrauch der Sache durch den Mieter zwangsläufig oder typischerweise eine Mitbenutzung durch Dritte (Ehepartner, Familie) mit sich bringt, ist diese Mitbenutzung auch ohne Beteiligung des oder der Dritten als Vertragspartei zulässig.

Stirbt der Mieter, treten seine Erben in das Mietverhältnis ein; sowohl der Erbe als auch der Vermieter sind allerdings berechtigt, fristgerecht zu kündigen (§ 569 Abs. 1 – lesen). Stirbt der Vermieter, wird das Mietverhältnis mit dem (oder den) Erben fortgesetzt.

Falls der Vermieter das vermietete Objekt an einen Dritten veräußert (verkauft und übereignet!), tritt der Erwerber an die Stelle des Vermieters (»Veräußerung[72] bricht nicht Miete« = § 571 – lesen!). Der Erwerber ist als neuer Vermieter grundsätzlich gleichermaßen an den Mietvertrag gebunden. Die Rechtslage bezüglich der Mietsache bleibt die gleiche: Der Vermieter ist Eigentümer der Mietsache, der Mieter Besitzer (vgl. dazu zur ersten Information § 985 und § 986 Abs. 1, die wir im »Sachenrecht«* noch ansprechen werden).

3. Rechte und Pflichten der Vertragsparteien

In den meisten Kurzlehrbüchern und Grundrissen ist in den Untertiteln nur von den *Pflichten* des Vermieters und den *Pflichten* des Mieters die Rede. Das ist nicht inkonsequent, sondern folgt aus dem Rechtscharakter des Mietvertrages als typischem gegenseitigen Vertrag: Aus den Pflichten einer Partei folgen natürlicherweise die Rechte der anderen Partei! Im Hinblick auf das Gegenseitigkeitsverhältnis der Pflichten der Vertragspartner ist wieder zu unterscheiden zwischen Haupt(leistungs)pflichten und Neben(leistungs)pflichten.

71 Nachweise a. a. O.; § 549, Rdnr. 3 f.

72 *früher – nicht ganz zutreffend, da erst der sachenrechtliche Eigentümerwechsel entscheidend ist – als »Kauf bricht nicht Miete« bezeichnet*

* Bd. III dieser »Grundzüge«

a) Pflichten des Vermieters

Die Hauptpflichten des Vermieters ergeben sich unmittelbar aus § 535 S. 1 und § 536.

■ Lesen Sie diese beiden Vorschriften sorgfältig und versuchen Sie selbst, die Pflichten des Vermieters, die sich daraus ergeben, schlagwortartig niederzuschreiben, bevor Sie weiterlesen!

▷ Aus §§ 535 S. 1 und 536 lassen sich folgende Pflichten des Vermieters herauslesen:

aa) Gebrauchsüberlassungspflicht

Diese Pflicht ergibt sich aus § 535 S. 1 und umfaßt i. d. R. zugleich die Verpflichtung, dem Mieter die tatsächliche Verfügungsgewalt über die Mietsache (den Besitz[73]) einzuräumen. Weiterhin gehört zu der Gebrauchsüberlassungspflicht, daß der Vermieter den vertragsmäßigen Gebrauch durch den Mieter dulden muß, was aus dem Wortlaut von § 535 S. 1 nicht ohne weiteres zu erkennen ist, sich aber aus dem Begriff »zu gewähren« ergibt.

bb) Gebrauchserhaltungspflicht

Da die Gewährung des Mietgebrauchs eine auf Dauer angelegte Verpflichtung ist, enthält diese aus § 536 folgende Pflicht, daß der Vermieter für die Unterlassung aller Handlungen zu sorgen hat, die den vertragsmäßigen Gebrauch durch den Mieter stören, und daß er fremde Störungen im Rahmen seiner tatsächlichen und rechtlichen Möglichkeiten abwehren muß (z. B. unzumutbarer »Krach« durch Wohnungsnachbarn = Mitmieter).

cc) Instandsetzungspflicht

Gem. § 536 hat der Vermieter die Mietsache während der Mietzeit in einem Zustand zu erhalten, die dem Mieter den vertragsmäßigen Gebrauch ermöglicht. Grundsätzlich ist der Vermieter verpflichtet, Reparaturen und Renovierungen, die bei ordnungsgemäßem Gebrauch des Mieters durch Abnutzung oder Beschädigung erforderlich werden, auf seine Kosten vornehmen zu lassen. Diese Abnutzungen werden im Prinzip durch den Mietzins abgegolten und sind nicht vom Mieter zu

73 Lesen Sie zur Information § 854 Abs. 1!

vertreten (vgl. § 548 – lesen). In den meisten Wohnraum-Mietverträgen ist diese »Instandsetzungspflicht« aber abbedungen (§ 536 ist dispositives Recht) mit der Folge, daß die sog. »Schönheitsreparaturen« vom Mieter vorzunehmen sind.

dd) Nebenpflichten

Neben diesen Hauptleistungspflichten treffen den Vermieter eine Reihe von Nebenleistungspflichten.

■ Was könnten das für Nebenpflichten sein?

▷ Sogenannte Schutz- und Fürsorgepflichten, wie wir sie auch bei anderen Verträgen kennen. So ist der Vermieter z. B. verpflichtet, den Mieter vor nicht erkennbaren Gefahren bei der Benutzung der Mietsache zu warnen sowie über für die Vertragsabwicklung bedeutsame Umstände aufzuklären, mit denen der Mieter nicht zu rechnen braucht *(Beispiel:* Es ist beabsichtigt, die vermietete Wohnung in absehbarer Zeit an Familienangehörige zu übergeben).

Darüber hinaus ergeben sich weitere Nebenpflichten unmittelbar aus dem Gesetz, so z. B. die »Verwendungsersatzpflicht« im Rahmen von § 547 Abs. 1 (lesen!) oder die Duldung der Wegnahme von Einrichtungen durch den Mieter (§ 547 a Abs. 1 – lesen!).

»Verwendungen« sind willentliche Vermögensaufwendungen des Mieters, die der Mietsache zugute kommen, indem sie sie wiederherstellen, erhalten oder verbessern, ohne sie grundlegend zu verändern[74]. »Notwendig« sind Verwendungen, wenn sie zur Erhaltung oder ordnungsgemäßen Bewirtschaftung der Sache objektiv erforderlich sind, die der Mieter (als Besitzer) dem Vermieter (als Eigentümer), der sie sonst hätte vornehmen müssen, erspart hat[75]. Ersatz für diese Verwendungen kann der Mieter nach § 547 Abs. 1 S. 1 nur verlangen, wenn ihm durch den Mietvertrag die Instandhaltungspflicht nicht auferlegt wurde (nochmals: § 536 ist dispositives Recht und wird meistens durch vertragliche Vereinbarung abbedungen!).

74 so die sinngemäße Definition der Rechtsprechung des BGH – vgl. Nachweise bei *Palandt/Bassenge*, Rdnr. 5 vor § 994

75 vgl. *Palandt/Bassenge*, § 994, Rdnr. 1

b) Rechte/Ansprüche des Mieters

Wenn der Vermieter seinen Hauptpflichten aus dem Mietvertrag nicht nachkommt, kann der Mieter selbstverständlich Erfüllung seiner Ansprüche verlangen. Erfüllt der Vermieter seine Verpflichtungen nur schlecht, muß er dem Mieter dafür haften. Ähnlich wie im Kaufrecht gibt es im Mietrecht »Gewährleistungsansprüche«. Die wichtigsten Rechte und Ansprüche des Mieters lassen sich wie folgt zusammenfassen:

(1) Anspruch auf Gebrauchsüberlassung gem. § 535 S. 1.
(2) Anspruch auf Beseitigung eines behebbaren Mangels gem. § 536 (soweit § 536 nicht abbedungen wurde).
(3) Minderung des Mietzinses gem. § 537 Abs. 1 (lesen) wegen Mangels der Mietsache.
(4) Schadensersatzanspruch unter den Voraussetzungen von § 538 Abs. 1 (lesen!).
(5) Fristlose Kündigung unter den Voraussetzungen von § 542 (Abs. 1 lesen!).

Einige Vorschriften davon wollen wir uns anhand eines Übungsfalles näher ansehen, den wir zugleich dazu nutzen wollen, uns in der gutachtlichen Denkweise zu üben!

Übungsfall 5

V vermietete an den Versicherungsvertreter M zum 1. Mai in seinem Hause eine Wohnung. M wohnte dort erst zwei Wochen, als sich an einem Fenster eine schwere Jalousie löste, herabfiel und den M an der Schulter so schwer verletzte, daß er drei Wochen arbeitsunfähig war. Es wurde festgestellt, daß ein früherer Mieter, der Schriftsteller S, die schon damals herabgefallene Jalousie nur behelfsmäßig befestigt hatte, ohne V etwas davon zu sagen. M hat an Arzt-, Arznei- und Massagekosten 600,– DM bezahlen müssen. Sein Verdienstausfall beläuft sich auf 2 400,– DM. Er verlangt von V 3 000,– DM Schadenersatz.

V macht geltend, er habe von dem schlechten Zustand der Jalousie nichts gewußt. Er habe die Wohnung vor Abschluß des Mietvertrages mit M durch den anerkannten und zuverlässigen Baufachmann B besichtigen lassen, der ihm aber von diesem Mangel nichts mitgeteilt habe. Welchen (mietrechtlichen) Anspruch hat M gegen V und welchen Anspruch hat V ggf. gegen S?[76]

■ Wo würden Sie die möglicherweise für V in Betracht kommende Anspruchsgrundlage suchen?

76 nach *Schmelzeisen*, S. 131

▷ Da nach einem mietrechtlichen Anspruch gefragt ist, selbstverständlich nur im Mietrecht!

■ Um was für einen Anspruch handelt es sich, was verlangt M?

▷ M verlangt Schadensersatz!

■ Welche (mietrechtliche) Anspruchsgrundlage könnte eingreifen? (Überfliegen Sie die Überschriften der Paragraphen!)

▷ »M könnte gegenüber V einen Anspruch auf 3 000,– DM Schadensersatz gem. § 538 Abs. 1 haben!« (Vorschrift lesen!).

■ Welches sind die Voraussetzungen für einen solchen Anspruch? (Überlegen Sie, bevor Sie weiterlesen!)

▷ (1) Wirksamer Mietvertrag
(2) Es muß einer der drei haftungsbegründenden Tatbestände von § 538 Abs. 1 erfüllt sein (nochmal lesen!)
Also:
(a) Mangel der Mietsache, der schon bei Abschluß des Mietvertrages vorhanden war oder
(b) vom Vermieter zu vertretender, nach Vertragsschluß auftretender Mangel oder
(c) Verzug des Vermieters mit einer Mängelbeseitigung.

■ Welche der drei Möglichkeiten kommt in Betracht?

▷ Mangel der Mietsache, der schon bei Vertragsschluß vorhanden war.

Ein solcher Mangel liegt immer vor, wenn die Mietsache mit einem Fehler im Sinne des § 537 Abs. 1 behaftet ist, der ihre Tauglichkeit zum vertragsgemäßen Gebrauch aufhebt oder mindert. Im Mietrecht gilt der gleiche Fehlerbegriff, den wir bereits im Kaufrecht kennengelernt haben[77].

■ Was muß deshalb vorliegen, damit man von einem Fehler an der Mietsache sprechen kann?

▷ Eine Abweichung der Ist-Beschaffenheit der Mietsache von der vertraglich vorausgesetzten Soll-Beschaffenheit, die eine erhebliche Beeinträchtigung der vertragsgemäßen Gebrauchstauglichkeit zur Folge hat.

■ Wie sieht das in unserem Fall aus?

77 *vgl. oben S. 10 f.*

▷ Die Mietsache (Wohnung) war mit einer nicht ordnungsgemäß befestigten Jalousie versehen, was eine nicht nur unerhebliche Minderung der Tauglichkeit der Wohnung zur Folge hatte.

■ Zu welchem Zeitpunkt lag dieser Fehler vor?

▷ Bei Vertragsabschluß mit M, d. h. der Mangel war schon während der Mietzeit von S entstanden!

■ In unserem Fall sind die Voraussetzungen der ersten Variante von § 538 Abs. 1 gegeben, so daß welche Rechtsfolge eingreift? (Nachdenken!)

▷ Rechtsfolge ist, daß ein Schadensersatzanspruch des M gegenüber V begründet ist, sofern durch diesen Fehler dem M auch tatsächlich ein Schaden entstanden ist, d. h., der Fehler der Mietsache müßte Ursache des Schadens gewesen sein.

■ Ist diese Voraussetzung in unserem Fall erfüllt? Zunächst bezüglich der Körperverletzung und der Heilungskosten?

▷ Die fehlerhaft befestigte Jalousie war unmittelbare Ursache für den Schaden. Dieser Schaden entstand an einem anderen Rechtsgut als der Mietsache selbst, zu deren mangelfreien Besitz der Mieter berechtigt ist.

■ Um welche Art von Schaden handelt es sich daher bei der Körperverletzung, den Heilungskosten und dem Verdienstausfall des M?

▷ Um einen »Mangelfolgeschaden«!

Im Kaufrecht haben wir gelernt, daß der Mangelfolgeschaden nur in Ausnahmefällen über das Gewährleistungsrecht ersetzt wird.

■ Welche Anspruchsgrundlage gilt dort normalerweise für den Ersatz von Mangelfolgeschäden?

▷ Der Geschädigte hat einen Anspruch aus positiver Vertragsverletzung.

Im Mietrecht dagegen wird von der Haftung nach § 538 nach h. M. in Rechtsprechung und Literatur[78] neben dem reinen Mangelschaden auch der Mangelfolgeschaden umfaßt[79]. Im Fall der ersten Variante von § 538 Abs. 1 haftet der Vermieter für die Folgen des Mangels auch ohne Verschulden[80]. Ihn trifft eine sog. »Garantiehaftung«. Dieser weitgehende Haftungsumfang des § 538 Abs. 1 läßt sich durch einen Vergleich dieser Vorschrift mit § 537 Abs. 1 begründen:

78 Nachweise bei *Alpmann und Schmidt*, SchR BT 2, S. 212
79 *Larenz*, SchR II/1
80 vgl. *Medicus*, BR, Rdnr. 352

Der reine Mangelschaden, der zur Folge hat, daß eine vertragsmäßige Benutzung der Wohnung erschwert oder nicht möglich ist, kann durch die Minderung des Mietzinses weitgehend über § 537 Abs. 1 ausgeglichen werden, so daß § 538 einen darüber hinausgehenden Ausgleich gewähren soll.

■ Ergebnis unseres Falles?

▷ M hat gegenüber V einen Anspruch auf Schadensersatz in Höhe von 3 000,– DM gem. § 538 Abs. 1, 1. Var. –

c) Pflichten des Mieters

Bevor wir in diesem Übungsfall die Ansprüche des Vermieters V gegenüber seinem früheren Mieter S prüfen, müssen wir wissen, welche Pflichten den Mieter treffen und welche Rechte daraus für den Vermieter folgen können.

aa) Mietzahlungspflicht

Hauptpflicht des Mieters ist gem. § 535 S. 2 (lesen!) die Bezahlung des Mietzinses. Diese Pflicht steht im Gegenseitigkeitsverhältnis zu den Hauptpflichten des Vermieters. Bei Wohnraum- oder Grundstücksmiete ist der Mietpreis in regelmäßig wiederkehrenden Zeitabschnitten, nach der Intention des Gesetzgebers zu deren Ende (vgl. § 551 Abs. 1), in der Praxis jedoch meist zu deren Beginn (z. B. zum 1. jeden Monats) zu entrichten. Die Höhe des Mietzinses kann grundsätzlich frei vereinbart werden, sofern nicht (bei der Wohnraummiete) zum Schutze des Mieters Sonderregelungen[81] eingreifen.

Soweit die Parteien entgegen der gesetzlichen Regelung des § 536 vereinbart haben (was in der Praxis, wie gesagt, die Regel ist), daß der Mieter anstelle des Vermieters die Sache instand zu halten hat, ist der Mieter in regelmäßigen Abständen (die sich grundsätzlich nach der Dauer des Mietverhältnisses richten) zu sog. »Schönheitsreparaturen« verpflichtet, bei der Wohnungsmiete insbesondere zum Streichen und/oder Tapezieren der Wände.

81 *z. B. § 5 des Wirtschaftsstrafgesetzes und § 302 a StGB, die sog. Wuchermietpreisen entgegenwirken sollen*

bb) Nebenpflichten

(1) Da der Mietzins das reine Entgelt für die Gebrauchsüberlassung darstellt, gehören bei der Wohnraummiete die Kosten für Wasser, Gas, Strom, Heizung, Müllabfuhr und dergleichen nicht dazu. Dies sind vielmehr *»Nebenkosten«*, die zusätzlich zu bezahlen sind. Bei der Zahlung dieser Kosten handelt es sich um die Erfüllung einer *Nebenpflicht* des Mieters.

(2) Neben allgemeinen Schutz- und Sorgfaltspflichten hat der Mieter vor allem die aus § 545 Abs. 1 folgende *Obhutspflicht* nach § 545 Abs. 1 (lesen!). Aus dieser Obhutspflicht folgt neben der Mängelanzeigepflicht auch die Pflicht des Mieters, die Mietsache schonend zu behandeln. Kommt der Mieter seiner aus § 545 Abs. 1 folgenden Pflicht nicht nach, gibt § 545 Abs. 2 (lesen) dem Vermieter einen Schadensersatzanspruch.

(3) Wenngleich das im Gesetz nicht ausdrücklich erwähnt wird, gehört es zu den Nebenpflichten des Mieters, den vertragsmäßigen Gebrauch der Sache nicht zu überschreiten. Rechtsfolgen für den Fall der Verletzung dieser Pflicht enthalten die §§ 548–550, 553 (zur Information durchlesen!).

(4) Soweit es zur Instandhaltung oder Verbesserung der Mietsache notwendig ist, hat der Mieter vorübergehende Beeinträchtigungen des Gebrauchs der Mietsache zu dulden (§ 541 a und 541 b Abs. 1 – lesen).

(5) Schließlich ist der Mieter gem. § 556 (lesen) nach Ablauf der Mietzeit zur Rückgabe der Mietsache in einwandfreiem Zustand verpflichtet. Im Zusammenhang mit § 556 ein »Verständnistest«:

Sie wissen, daß der Schuldner, wenn ihm durch eigenes Verschulden (vgl. § 276) die vertraglich geschuldete Leistung unmöglich wird, für diese »zu vertretende Unmöglichkeit« haften bzw. Schadensersatz leisten muß. Nach welcher Vorschrift hat der Vermieter einen Anspruch auf Schadensersatz gegen den Mieter, wenn diesem durch eigenes Verschulden die Rückgabe der Mietsache unmöglich wird? Überlegen Sie in Ruhe, an welche beiden Vorschriften man hier denken muß und welche zutrifft! Die Lösung enthält Fußnote[82].

82 Da die Rückgabe der Mietsache keine »gegenseitige« Pflicht (Hauptpflicht), sondern nur eine isoliert zu sehende Nebenpflicht ist, gelten *nicht* die §§ 320 ff. (hier: § 325 Abs. 1)! Richtige Anspruchsgrundlage wäre allein § 280 Abs. 1!

Nachdem wir die Pflichten des Mieters kennen, sind wir in der Lage, Übungsfall 5 zu Ende zu lösen:

■ Welcher (mietrechtliche) Anspruch des V kommt gegen seinen früheren Mieter S in Betracht? Sie haben diese Vorschrift soeben gelesen!

▷ »V könnte gegen S einen Anspruch auf Schadensersatz gem. § 545 Abs. 2 haben.«

■ Welche Voraussetzungen müssen für diesen Anspruch erfüllt sein?

▷ Vorliegen eines Mietvertrages, währenddessen es der Mieter unterlassen hat, dem Vermieter eine Mängelanzeige gem. § 545 Abs. 1 zu machen. Unerheblich ist, ob der Mietvertrag bei Eintritt des durch den Mangel verursachten Schadens noch besteht.

■ Hatte die Mietsache im Laufe des Mietvertrages S – V einen Mangel?

▷ Dies wurde bei Prüfung der Ansprüche des M gegen V bereits bejaht (s. o.).

■ Was wäre normalerweise passiert, wenn S dem V den Mangel gemeldet hätte?

▷ V hätte den Mangel aufgrund seiner Instandhaltungspflicht nach § 536 beheben müssen. Da dies wegen der fehlenden Anzeige des S nicht geschehen ist, ist dem V, da er seinerseits dem M 3 000,– DM Schadensersatz leisten mußte, ein Schaden entstanden.
Das Unterlassen der Mängelanzeige war für diesen Schaden ursächlich, so daß S dem V die dem M zu zahlenden 3 000,– DM über § 545 Abs. 2 ersetzen muß.

d) Rechte/Ansprüche des Vermieters

Die Rechte des Vermieters folgen naturgemäß aus den Pflichten des Mieters und sind (neben einer Vielzahl von Vorschriften, die in diesem Rahmen im einzelnen nicht ausführlich behandelt werden müssen[83]) in der nachfolgenden Übersicht 5 zum Mietrecht im wesentlichen aufgeführt.

83 **Einen guten Überblick zum Mietrecht gibt die (kostenlos zu beziehende) Broschüre des Bundesministers der Justiz und des Bundesministers für Raumordnung, Bauwesen u. a.: »Das Mietrecht – Was Mieter und Vermieter wissen sollten!« Bezugsadresse: Bundesministerium der Justiz, Referat für Presse- und Öffentlichkeitsarbeit; Postfach 20 06 50; 53 175 Bonn**

4. Leasing als Sonderform der Miete

Sog. Leasingverträge werden in (West-)Deutschland seit den sechziger Jahren getätigt. Sie haben ihren Ursprung in den USA und mittlerweile eine große wirtschaftliche Bedeutung. Auch wenn der Leasingvertrag oft mit einer Kaufoption (»Mietkauf«) verbunden ist, handelt es sich rechtlich um einen Mietvertrag: Der Leasinggeber (»Vermieter«) überläßt dem Leasingnehmer (»Mieter«) gegen Entgelt (= Leasingraten) ein Wirtschaftsgut (Beispiel: Auto) zum Gebrauch und zur Nutzung.

Die Gefahr bzw. Haftung für Instandhaltung, Beschädigung oder Untergang trägt grundsätzlich der Leasingnehmer, während der Leasinggeber dafür seine Ansprüche gegen Dritte (z. B. Lieferanten) dem Leasingnehmer abtritt[84].

Im einzelnen unterscheidet man grob: Das »Operating-Leasing«, bei dem der Leasinggeber eine Sache kauft, um sie mehrmals weiter zu vermieten; das »Hersteller-Leasing«, bei dem Leasinggeber und Hersteller des Leasingobjekts identisch sind, und das »Financial-Leasing«, bei dem ein Dreiecksverhältnis (Hersteller, Leasinggeber, Leasingnehmer) gegeben ist, das mit dem beim finanzierten Abzahlungskauf vergleichbar ist[85].

Literatur zur Vertiefung (2. Kapitel, I, 1–4):

Alpmann und Schmidt	Schuldrecht BT 2, S. 200–245
Brox	Bes. SchR, §§ 9 und 10
Klunzinger	§ 46
Reinicke/Tiedtke	Kaufrecht, 11. Kapitel (Leasing)
Sonnenschein/Weitemeyer	Probleme mit der Studentenbude; Jura 1993, S. 80 ff. (Klausur)

84 vgl. *Creifelds*, S. 702; ähnlich *Klunzinger*, S. 329

85 *Einzelheiten für Interessierte: vgl. Reinicke/Tiedtke*, Kaufrecht, S. 474 ff.

Übersicht 5:

Mietrecht

A. Mietvertrag

I. Wesen (§ 535) – Gebrauchsüberlassung einer Sache gegen Entgelt
– Gegenseitiger Vertrag

II. Zustandekommen und Inhalt
Einigung über

1. *Gegenstand:*

Mietsache

– *bewegliche*	und	– *unbewegliche Sachen*
Autos, Maschinen, Bücher, Zeitschriften etc.		Grundstücke, Häuser, Wohnungen, Teile davon

2. *Mietzins*
3. *Mietparteien:* Vermieter – Mieter
   – Wohnraummiete: Angehörige des vertragsschließenden Ehegatten haben Mitbenutzungsrecht, ohne Partei zu sein

B. Rechte und Pflichten der Vertragsparteien im einzelnen

I. Pflichten des Vermieters

1. *Hauptpflichten (§§ 535, 536)*
   a) Gebrauchsüberlassung = Einräumung der tatsächlichen Verfügungsgewalt über die Mietsache
   b) Überlassung und Erhaltung der (mangelfreien) Mietsache in einem zum vertragsgemäßen Gebrauch durch den Mieter geeigneten Zustand
   c) Duldung des vertragsgemäßen Gebrauchs durch Mieter
   d) Unterlassung von Handlungen, die vertragsgemäßen Gebrauch durch Mieter stören, sowie Abwehr fremder Störungen
2. *Nebenpflichten*
   – Schutz- und Fürsorgepflichten, insbes. Aufklärungspflichten – z. B. über nicht erkennbare Gefahren bei Benutzung der Mietsache

Übersicht 5 Fortsetzung:

Mietrecht

II. Rechte des Mieters

1. Anspruch auf Gebrauchsüberlassung der (mangelfreien) Mietsache (§ 535 S. 1)
2. Anspruch auf Beseitigung von behebbarem Sachmangel (§ 536)
3. Anspruch auf Minderung des Mietzinses gem. § 537
4. Anspruch auf Schadensersatz wegen Mangels der Mietsache (§ 538)
5. Anspruch auf fristlose Kündigung wegen Nichtgewährung des Gebrauchs (§ 542)

Voraussetzungen für 2. – 5.:

a) Wirksamer Mietvertrag
b) Mangel der Mietsache
(Fehlerbegriff wie im Kauf-Gewährleistungsrecht = Negative Abweichung der Istbeschaffenheit von der vertraglich vereinbarten Sollbeschaffenheit)
c) Kein Ausschluß der Gewährleistung
– vertragl. Ausschluß oder gesetzlicher Ausschluß (§ 539)

Zu 3.: Minderung des Mietzinses kraft Gesetzes = keine Vollzugserklärung nötig
zu 4.: Drei Möglichkeiten . . .
– Mangel bei Vertragsschluß vorhanden – Garantiehaftung (ohne Verschulden des Vermieters!)
– Mangel nach Vertragsschluß = Haftung nur bei Vertretenmüssen
– Verzug mit der Beseitigung eines vorhandenen Mangels . . .
Rechtsfolge: Ersatz des Mangel- und des Mangelfolgeschadens!

Übersicht 5 Fortsetzung:

Mietrecht

III. Pflichten des Mieters

1. *Hauptpflicht*
   a) Zahlung des vereinbarten Mietzinses (§ 535 S. 2)
   b) bei Vereinbarung auch »Schönheitsreparaturen« (§ 536)
2. *Nebenpflichten*
   a) Zahlung von Nebenkosten
   b) allg. Schutz- und Sorgfaltspflichten / vertragsgemäße Benutzung
   c) Obhutspflicht und Mängelanzeige gem. § 545 Abs. 1
   d) Duldung vorübergehender Beeinträchtigung des Gebrauchs zur Instandhaltung der Mietsache (§§ 541 a und b Abs. 1)
   e) Rückgabe der Mietsache nach Ablauf der Mietzeit (§ 556)

IV. Rechte des Vermieters

1. Anspruch auf Zahlung des Mietzinses (§ 535) – bei Verzug: §§ 286 Abs. 1, 288 oder § 326 Abs. 1!
2. ggf. Anspruch auf Vornahme von »Schönheitsreparaturen« – bei Verzug oder Nichterfüllung: §§ 325, 326 (Hauptpflicht des Mieters!)
3. Bei Verstoß gegen § 545 Abs. 1: Schadensersatz gem. § 545 Abs. 2
4. Bei nicht ordnungsgem. Rückgabe der Mietsache (Verspätung oder Unmöglichkeit): §§ 557 und 286 (Nebenpflicht!) sowie §§ 275, 280

C. Beendigung des Mietverhältnisses

I. Regelfall: Ablauf der Mietzeit – § 564
II. Bei unbestimmter Mietzeit: Kündigung durch eine Partei unter Einhaltung der gesetzlichen Kündigungsfristen gem. § 565
III. Fristlose Kündigungen in Ausnahmefällen: §§ 542, 544, 553, 554 a

D. Rechte des Wohnraum-Mieters, die nicht abdingbar sind

§§ 564 b, 542, 544, 537, 550 a, 552 a, 569 a, 547 a, 557 a, 556 a–c, 565 a–e, 554 b, 564 a
(Sonderbestimmungen zum Schutz für Wohnraum-Mieter zusätzlich im »Wohnraumkündigungsschutzgesetz[86] . . .«)

86 »Zweites Wohnraumkündigungsschutzgesetz vom 18. 12. 1974, BGBl. I S. 3603 = Gesetz zur Regelung der Miethöhe (Gesetz Nr. 6 in Beck-Texte im dtv, Nr. 5001: BGB)

Vertrag-Nr. ______
Ausfertigung für Vermieter / Mieter

Wohnungs-Mietvertrag (nach dem Einheitsmietvertrag)

(● grüne Punkte am Rande weisen darauf hin, daß eine zusätzliche Eintragung oder eine Streichung vorzunehmen ist.)
Unter Mieter und Vermieter werden die Vertragsparteien auch dann verstanden, wenn sie aus mehreren Personen bestehen. Alle im Vertrag genannten Personen haben den Mietvertrag eigenhändig zu unterschreiben. Nichtzutreffende Teile des Mietvertrages sind durchzustreichen, freie Stellen sind auszufüllen oder durchzustreichen.

● Zwischen ______
● in ______ als Vermieter,
● vertreten durch ______
● und ______
● sowie ______, zur Zeit
● wohnhaft in ______, als Mieter,
wird folgender Mietvertrag geschlossen:

§ 1 – Mieträume

● 1. Vermietet werden im Hause ______
(genaue Anschrift und genaue Lagebezeichnung nach Vorderhaus, Seitenflügel, Quergebäude, Stockwerk, rechts, links, Mitte)
● folgende Räume: ____ Zimmer, ____ Kammer, ____ Küche, ____ Korridor, ____ Diele, ____ Bad, ____ Toilette, ____ Toilette mit
● Bad / Dusche, ____ Kelleraum ____ Nr. ____, ____ Bodenraum ____ Nr. ____, ______
● zur Benutzung als Wohnung ______ Wohnfläche: ______ m² ______
● Es dürfen mitbenutzt werden: (z. B. Waschanlage, Fahrzeugeinstellplatz usw.) ______

● 2. Der Vermieter verpflichtet sich, dem Mieter spätestens bei Einzug folgende Schlüssel auszuhändigen: ____ Haus-, ____ Korridor-, ____ Zimmer-, ____ Boden-, ____ Keller-, ____ Fahrstuhl-, ____ Garagen-, ____ Hausbriefkasten-, ______ Schlüssel.
Die Beschaffung weiterer Schlüssel durch den Mieter bedarf der Einwilligung des Vermieters.
Der Mieter hat bei Beendigung des Mietverhältnisses sämtliche Schlüssel, auch selbst angeschaffte, an den Vermieter herauszugeben; anderenfalls ist der Vermieter berechtigt, auf Kosten des Mieters Ersatzschlüssel zu beschaffen oder – soweit dies im Interesse des Nachmieters erforderlich ist – auch die Schlösser zu verändern und dazu Schlüssel zu beschaffen.

3. Die Mieträume dürfen vom Mieter nur zu Wohnzwecken genutzt werden. Die Gesamtzahl der Personen, die die Wohnung beziehen
● werden – bewohnen – beträgt ______ –. Der Mieter ist verpflichtet, seiner gesetzlichen Meldepflicht nachzukommen.
Zu Anbringung von Schildern, Reklamen, Automaten und dergleichen außerhalb der Mieträume bedarf es der vorherigen schriftlichen Genehmigung des Vermieters.

§ 2 – Mietzeit und ordentliche Kündigung

● 1. a) Das Mietverhältnis beginnt am ______, es läuft auf unbestimmt Zeit. Kündigungsfristen siehe 2.
● b) Das Mietverhältnis beginnt am ______ und endet am ______. Es verlängert sich jedoch jeweils um ______ Monate – um ______ Jahre, wenn es nicht gekündigt ist. Kündigungsfristen siehe 2.
● c) Das Mietverhältnis ist auf bestimmte Zeit abgeschlossen.
Es beginnt am ______ 19____ und endet am ______ 19____, ohne daß es einer Kündigung bedarf.
● d) Die Wohnung ist zu nur vorübergehendem Gebrauch durch den Mieter gemietet, nämlich wegen ______
sie kann daher jeweils bis zum 3. Werktag jeden Monats zum Schluß dieses Monats schriftlich gekündigt werden.

2. Kündigungsfristen zu 1. a) und 1. b): Die Kündigungsfrist beträgt
3 Monate, wenn seit der Überlassung des Wohnraums weniger als 5 Jahre vergangen sind,
6 Monate, wenn seit der Überlassung des Wohnraums 5 Jahre vergangen sind,
9 Monate, wenn seit der Überlassung des Wohnraums 8 Jahre vergangen sind,
12 Monate, wenn seit der Überlassung des Wohnraums 10 Jahre vergangen sind.
Die Kündigung muß schriftlich bis zum dritten Werktag des ersten Monats der Kündigung erfolgen, durch des Vermieter unter Angabe sämtlicher Kündigungsgründe und unter Hinweis auf das Widerspruchsrecht. Für die Rechtzeitigkeit kommt es nicht auf die Absendung, sondern auf den Empfang der Kündigung an.

§ 3 – Miete und Nebenkosten

	DM
● 1. Die Miete beträgt monatlich ______	______
● Neben der Miete sind monatlich zu entrichten für	
______ z. Z.	______
______ z. Z.	______
______ z. Z.	______
______ z. Z.	______
Insgesamt z. Z.	______

● 2. Die Betriebskosten im Sinne des § 27 der Zweiten Berechnungsverordnung sind in der Miete enthalten – nicht enthalten.
● 3. Die Schönheitsreparaturen werden vom Vermieter – Mieter getragen.
4. Wenn durch die Erhöhung der Nebenkosten eine Mehrbelastung des Vermieters eintritt, hat der Mieter einen der von ihm genutzten Wohnfläche zur Gesamtwohnfläche des Grundstücks entsprechenden Anteil zu übernehmen, falls nicht durch Gesetz oder sonstige behördliche Vorschriften eine andersartige Umlegung vorgeschrieben ist.
5. Alle durch gesetzliche oder behördliche Regelungen allgemein oder im konkreten Fall zugelassenen Mieterhöhungen oder Erhöhungen bzw. Neueinführungen von Nebenkosten und Grundstücksumlagen jeder Art sind vom Zeitpunkt der Zulässigkeit ab vereinbart und zahlbar. Unbeschadet bleibt das Kündigungsrecht des Mieters, für diesen Fall tritt eine Erhöhung der Miete nicht ein.

§ 4 – Zahlung der Miete und der Nebenkosten

1. Die Miete und Nebenkosten sind monatlich im voraus, spätestens am 3. Werktag des Monats, porto- und spesenfrei an den Vermieter oder an die von ihm zur Entgegennahme ermächtigte Person oder Stelle zu zahlen. – Die Miete und Nebenkosten sind auf das Konto
● Nr. ______ bei ______
einzuzahlen. Für die Rechtzeitigkeit der Zahlung kommt es nicht auf die Absendung, sondern auf die Ankunft des Geldes an.
● Miete und Nebenkosten werden im Lastschrift-Einzugsverfahren von einem vom Mieter zu benennenden Konto abgebucht. Der Mieter verpflichtet sich, dem Vermieter eine Einzugsermächtigung zu erteilen.

● 2. Die Nebenkosten für ____

● ____

● werden in Form monatlicher Abschlagszahlungen erhoben und sind jährlich nach dem Stichtag vom ____________ eines jeden Jahres mit dem Mieter abzurechnen.

● 3. Bei verspäteter Zahlung ist der Vermieter berechtigt, Mahnkosten in Höhe von ____________ DM je Mahnung unbeschadet von Verzugszinsen zu erheben.

§ 5 – Sammelheizung und Warmwasserversorgung

1. Eine vorhandene Zentralheizungsanlage wird, soweit es die Außentemperatur erfordert, mindestens aber vom 1. 10. bis zum 30. 4. (Heizperiode) vom Vermieter in Betrieb gehalten. Eine Temperatur von mindestens 18 Grad Celsius in der Zeit von 8.00 bis 21.00 Uhr in den an die Sammelheizung angeschlossenen Wohnräumen gilt als vertragsgemäße Erfüllung. Für Räume, die auf Wunsch des Mieters oder durch diesen mittels Umbaus oder Ausbaus geändert sind, kann eine Erwärmung auf 18 Grad Celsius nicht verlangt werden. Außerhalb der Heizperiode wird die Sammelheizung in Betrieb genommen, soweit es die Außentemperaturen erfordern. Dabei ist zu berücksichtigen, daß während der Sommermonate in der Regel Instandhaltungs- und Wartungsarbeiten durchgeführt werden.
2. Eine etwa vorhandene Zentral-Warmwasserversorgung wird von 7.00 bis 22.00 Uhr derart sachgemäß in Betrieb gehalten, daß die Temperatur an den Zapfstellen nicht unter 40 Grad Celsius absinkt.
3. Vom Vermieter nicht zu vertretende Betriebsunterbrechnungen der Heizungs- und Warmwasserversorgung berechtigen den Mieter nicht zu Schadenersatzansprüchen.
4. Die Betriebskosten der Heizung und Warmwasserversorgung sind in dem vereinbarten Mietzins nicht enthalten, sie werden vom Vermieter angemessen auf die daran angeschlossenen Wohnungen umgelegt. Zu den umlegungsfähigen Betriebskosten gehören insbesondere die Brennstoffkosten einschließlich der Kosten für elektrischen Strom, die Anfuhrkosten für Brennstoffe, die Kosten der Wartung und Reinigung der Anlage einschließlich des Schornsteins und die technische Überwachung der Anlage. Ferner gehören dazu die Kosten der Bedienung der Anlage und die Kosten des Betriebs und der Verwendung von Wärmezählern, Heizkostenverteilern, Warmwasserzählern und/oder Warmwasserkostenverteilern. Wenn der Vermieter die Anlage selbst bedient, so kann er hierfür einen angemessenen Betrag mit umlegen. Ist die Wohnung an eine Fernheizung angeschlossen, so sind auch die an die Fernheizungsgesellschaft zu zahlenden Beträge umlegbar. Bei einer vorhandenen zentralen Warmwasserversorgungsanlage rechnen auch die Kosten des Wasserverbrauchs zu den umlegbaren Betriebskosten.
5. Die Betriebskosten werden vom Vermieter entsprechend den gesetzlichen Abrechnungsmaßstäben umgelegt, d. h. nach Wohn- oder Nutzfläche oder nach dem umbauten Raum und nach einem dem Wärmeverbrauch rechnungtragenden Maßstab. Werden Wärmezähler, Heizkostenverteiler, Warmwasserzähler und/oder Warmwasserkostenverteiler verwandt, so wird ein fester Anteil der Kosten nach
● dem Verbrauch aufgeteilt, nämlich ____________ v. H. *)
6. Bei der Umlegung nach Wohn- oder Nutzfläche oder nach dem umbauten Raum sind die Räume des Eigentümers und des Hauswarts und nicht vermietete Wohnungen, nicht aber die gemeinschaftlich benutzten Räume, wie das Treppenhaus, zu berücksichtigen.
● Die Wohnfläche, die Nutzfläche, der umbaute Raum der Mietsache beträgt ____________ m^2/m^3.
7. Auf den Umlegungsbetrag für die Betriebskosten sind monatlich Vorauszahlungen zu leisten, deren Höhe der Vermieter jeweils angemessen festsetzt und über die nach Schluß der Heizperiode abzurechnen ist.
8. Ist ein Durchlauferhitzer oder Boiler zur Warmwasserbereitung in der Wohnung vorhanden, so trägt der Mieter unmittelbar sämtliche Betriebs-, Wartungs- und Reinigungskosten. Die Wartung und Reinigung hat mindestens einmal jährlich zu erfolgen und ist dem Vermieter auf Verlangen nachzuweisen.

§ 6 – Benutzung der Aufzugsanlagen und Treppenhausreinigung

1. Der Mieter ist berechtigt, vorhandene Aufzugsanlagen mitzubenutzen. Der Mieter hat keinen Anspruch auf ununterbrochene Leistung falls Betriebsstörungen eintreten. Der Mieter verpflichtet sich, die Aufzugsbestimmungen in allen Punkten zu erfüllen. Betriebsstörungen sind dem Vermieter oder seinem Beauftragten sofort mitzuteilen.

● 2. Die Kosten der Treppenhausreinigung sind in der Miete enthalten nicht enthalten. Sofern die Kosten für die Treppenhausreinigung in der Miete nicht enthalten sind, ist der Mieter verpflichtet, die Treppe von seinem Podest abwärts bis zum nächsten Podest – im Erdgeschoß, den Hausflur – regelmäßig und ordnungsgemäß, insbesondere in ausreichenden Abständen kostenlos zu reinigen.

§ 7 – Zustand der Mieträume

1. Der Vermieter gewährt den Gebrauch der Mietsache in dem Zustand bei Übergabe.

● 2. Der Vermieter verpflichtet sich – vor Übergabe – spätestens jedoch bis zum ______________________ folgende Arbeiten in den Mieträumen vorzunehmen:

● ____

● ____

§ 8 – Aufrechnung und Zurückbehaltung

Der Mieter kann gegenüber Mietforderungen mit Gegenforderungen nur aufrechnen oder ein Zurückbehaltungsrecht ausüben, wenn er seine Absicht dem Vermieter mindestens einen Monat vor der Fälligkeit der Miete schriftlich angezeigt hat.

§ 9 – Benutzung der Mieträume, Untervermietung, Tierhaltung

1. Der Mieter darf die Mieträume zu anderen als Wohnzwecken nur mit schriftlicher Zustimmung des Vermieters benutzen.
2. Untervermietung oder sonstige Gebrauchsüberlassung an Dritte darf nur mit schriftlicher Erlaubnis des Vermieters erfolgen. Bei unbefugter Untervermietung kann der Vermieter verlangen, daß der Mieter sobald wie möglich, spätestens jedoch binnen Monatsfrist das Untermietverhältnis kündigt. Geschieht dies nicht, so kann der Vermieter das Hauptmietverhältnis fristlos kündigen. Der Vermieter ist unter den Voraussetzungen des § 549, Abs. 2 BGB berechtigt, einen Untermietzuschlag zu erheben. Im Falle einer Untervermietung oder Gebrauchsüberlassung haftet der Mieter für alle Handlungen oder Unterlassungen des Untermieters oder desjenigen, dem er den Gebrauch der Mieträume überlassen hat.
3. Jeder Ein- oder Auszug von Personen, denen der Mieter die Mieträume untervermietet oder zum Gebrauch überlassen hat, ist dem Vermieter sofort unter Vorlage der Meldebescheinigung anzuzeigen.
4. Jede Tierhaltung, insbesondere von Hunden und Katzen, mit Ausnahme von Ziervögeln und Zierfischen, bedarf der schriftlichen Zustim-
● mung des Vermieters. Dies gilt nicht für den vorübergehenden Aufenthalt von Tieren bis zu ________ Tagen.
Die Zustimmung kann widerrufen bzw. der vorübergehende Aufenthalt untersagt werden, wenn von dem Tier Störungen und / oder Belästigungen ausgehen.

§ 10 – Elektrizität, Gas, Wasser

1. Soweit Leitungsnetze für Elektrizität, Gas und Wasser vorhanden sind, dürfen diese vom Mieter nur in dem Umfange in Anspruch genommen werden, daß keine Überlastung eintritt. Wasser darf nur für den eigenen Bedarf aus den Wasserleitungen entnommen werden.
2. Bei Störungen oder Schäden an den Versorgungsleitungen hat der Mieter für sofortige Abschaltung zu sorgen und ist verpflichtet, den Vermieter oder seinen Beauftragten sofort zu benachrichtigen.
3. Der Vermieter ist berechtigt, bei starkem Frost nach Benachrichtigung des Mieters, das Wasser zumindest in der zeit von 21.00 bis 7.00 Uhr abzustellen.

---

*) mindestens 50 v. H., höchstens 70 v. H. (Verordnung über Heizkostenabrechnung vom 23. 2. 1981, BGBl. I S. 261)

§ 11 – Bauliche Maßnahmen und Verbesserungen durch den Vermieter

1. Der Vermieter darf Ausbesserungen und bauliche Änderungen, die zur Erhaltung des Hauses oder der Mieträume oder zur Abwendung drohender Gefahren oder zur Beseitigung von Schäden notwendig werden, ohne Zustimmung des Mieters vornehmen.
2. Etwaige Maßnahmen zur Erhaltung oder Verbesserung oder zur Einsparung von Heizenergie werden nach Maßgabe der gesetzlichen Bestimmungen durchgeführt.
3. Der Mieter darf die Arbeiten nicht behindern.

§ 12 – Bauliche Änderungen durch den Mieter

1. Um- und Einbauten, insbesondere Änderungen der Installationen, Anbringung von Außenjalousien, Markisen und Blumenbrettern, sowie die Neuerrichtung und Veränderung von Feuerstätten nebst Ofenrohren dürfen nur vorgenommen werden, wenn der Vermieter zuvor schriftlich zugestimmt hat und eine etwa erforderliche behördliche/bauaufsichtsamtliche Einwilligung erteilt worden ist, die der Mieter einzuholen hat.
2. Zur Aufstellung von Ölfeuerungsanlagen bedarf es der vorherigen schriftlichen Zustimmung des Vermieters. In jedem Fall müssen die Ölöfen den technischen Richtlinien des Fachverbandes der Heiz- und Kochgeräteindustrie entsprechen und die Hinweise tragen: „Nach HKI-Richtlinien geprüft, nur für Heizöl El." Die Aufstellung muß durch eine Fachkraft erfolgen. Heizöl darf nur unter Beachtung der gesetzlichen und behördlichen Vorschriften gelagert werden.
3. Die Übernahme der entstehenden Kosten ist – auf den einzelnen Fall abgestellt – gesondert zu regeln.
4. Soweit der Vermieter für Schäden, die sich aus der Aufstellung und dem Betrieb von Anlagen gemäß Abs. 1 und 2 ergeben, einzustehen hat, kann der Vermieter vom Mieter Ersatz verlangen.
5. Der Mieter haftet für die Kosten der Entfernung von auf seine Veranlassung angelegten oder von ihm benutzten Fernsprechleitungen und für dadurch entstehende Gebäudeschäden.

§ 13 – Außenantennen – Kabelanschluß

1. Soweit für Fernsehen und Rundfunk keine Gemeinschaftsantenne oder kein Kabelanschluß vorhanden ist, darf der Mieter auf eigene Kosten eine Einzel-Außenantenne anbringen, wobei Art und Weise und Folgen in einem Antennenvertrag*) zu regeln sind.
2. Der Mieter ist verpflichtet, auch nach dem Abschluß dieses Mietvertrages die Installation eines Kabelanschlusses oder einer Gemeinschaftsantenne zu dulden.

§ 14 – Instandhaltung der Mieträume

1. Zeigt sich im Laufe der Mietzeit ein Mangel der Mietsache oder wird eine Vorkehrung zum Schutze der Mietsache gegen eine nicht vorhergesehene Gefahr erforderlich, so hat der Mieter dem Vermieter dies zur Vermeidung seiner Schadenersatzpflicht unverzüglich anzuzeigen.
2. Der Mieter hat alle Teile der Mietsache, die beim Gebrauch seinem unmittelbaren Zugriff unterliegen (Leitungen und Anlagen für Elektrizität und Gas, die sanitären Einrichtungen, Schlösser, Rolläden, Öfen, Herde und ähnliche Einrichtungen), so pfleglich zu behandeln, daß sie nicht beschädigt und nicht mehr als vertragsgemäß abgenutzt werden.
3. Ungezieferbefall seiner Wohnung hat der Mieter unverzüglich dem Vermieter anzuzeigen. Er hat auftretendes Ungeziefer auf seine Kosten zu beseitigen, soweit er den Ungezieferbefall zu vertreten hat.
4. Der Mieter haftet dem Vermieter für Schäden, die durch Verletzung der ihm obliegenden Sorgfalts- und Anzeigepflicht verursacht werden, insbesondere auch, wenn Versorgungs- und Abflußleitungen, Toiletten-, Heizungsanlagen usw. unsachgemäß behandelt, die Räume unzureichend gelüftet, gereinigt, beheizt oder nicht ausreichend gegen Frost geschützt werden.
5. Der Mieter haftet in gleicher Weise für Schäden, die durch seine Angehörigen, Untermieter, Besucher, Lieferanten, Handwerker usw. verursacht worden sind.
6. Der Mieter hat Schäden, für die er einstehen muß, sofort zu beseitigen.
7. Der Mieter hat zu beweisen, daß Schäden in seinem ausschließlichen Gefahrenbereich nicht auf seinem Verschulden oder auf dem Verschulden der Personen, für die er einzustehen hat, beruhen.
8. Etwaige Ansprüche gegen schuldige Dritte tritt der Vermieter an den Mieter ab.

§ 15 – Pfandrecht des Vermieters

1. Der Mieter erklärt, daß die bei Einzug eingebrachten Sachen sein freies Eigentum, nicht gepfändet und nicht verpfändet sind, mit Ausnahme folgender Gegenstände: ______________________________

   ____
2. Der Mieter ist verpflichtet, den Vermieter unverzüglich von einer etwaigen Pfändung eingebrachter Gegenstände unter Angabe des Gerichtsvollziehers und des pfändenden Gläubigers zu benachrichtigen.

§ 16 – Betreten der Mieträume durch den Vermieter

1. Der Vermieter oder/und sein Beauftragter können die Mieträume nach rechtzeitiger Ankündigung besichtigen, sei es zur Prüfung des Zustandes oder aus anderen wichtigen Gründen.
   Bei dringender Gefahr ist ihnen der Zutritt zu jeder Tages- und Nachtzeit gestattet.
2. Will der Vermieter oder sein Beauftragter das Grundstück verkaufen, oder ist das Mietverhältnis gekündigt, so darf der Vermieter oder sein Beauftragter zusammen mit dem Miet- bzw. Kauflustigen die Räume in angemessenem Maß betreten.
3. Der Mieter muß dafür sorgen, daß die Räume während seiner Abwesenheit betreten werden können. Bei längerer Abwesenheit hat er die Schlüssel an schnell erreichbarer Stelle unter Benachrichtigung des Vermieters zu hinterlassen.

§ 17 – Vorzeitige Beendigung der Mietzeit

Wird das Mietverhältnis durch den Vermieter aus wichtigem Grunde gekündigt, so haftet der Mieter für den Schaden, der dem Vermieter dadurch entsteht, daß die Räume nach der Rückgabe leer stehen oder billiger vermietet werden müssen, und zwar bis zum Ablauf der vereinbarten Mietzeit, jedoch höchstens für ein Jahr nach der Rückgabe.

§ 18 – Rückgabe bei Beendigung der Mietzeit

Bei Beendigung der Mietzeit sind die Mieträume vertragsgemäß im sauberen Zustand mit allen Schlüsseln dem Vermieter oder seinem Beauftragten zu übergeben. Anderenfalls ist der Vermieter nach Räumung berechtigt, die Mietsache nach Ankündigung auf Kosten des Mieters zu öffnen und zu reinigen und zurückgelassene einzelne Gegenstände zu verwahren und wertloses Gerümpel vernichten zu lassen.

§ 19 – Mehrere Personen als Vermieter oder Mieter

Vermieter und/oder Mieter haften als Gesamtschuldner, sofern es sich um mehrere Personen handelt. Für die Wirksamkeit einer Erklärung des Vermieters genügt es, wenn sie gegenüber einem der Mieter abgegeben wird.

§ 20 – Hausordnung

Anerkennung der Hausordnung

Der Mieter erkennt die Hausordnung als für ihn verbindlich an. Ein Verstoß gegen die Hausordnung ist ein vertragswidriger Gebrauch des Mietgegenstandes. Bei schwerwiegenden Fällen kann der Vermieter nach erfolgloser Abmahnung das Vertragsverhältnis ohne Einhaltung einer Kündigungsfrist kündigen. Für alle Schäden, die dem Vermieter durch Verletzung oder Nichtbeachtung der Hausordnung und durch Nichterfüllung der Meldepflichten entstehen, ist der Mieter ersatzpflichtig. Änderungen und Ergänzungen der Hausordnung darf der Vermieter nur vornehmen, wenn dadurch Rechte und Pflichten des Mieters nicht verändert werden.

Allgemeine Ordnungsbestimmungen

- Der Mieter hat von den Mieträumen nur vertragsgemäß Gebrauch zu machen und sie regelmäßig zu reinigen.
- Jede Ruhestörung ist zu vermeiden, besonders durch lautes Musizieren (Rundfunk- und Fernsehempfang, Benutzung von Musikinstrumenten, Plattenspielern, Tonbandgeräten usw. nur in Zimmerlautstärke), Türenschlagen und Lärm im Treppenhaus. In der Mittagszeit und nach 22.00 Uhr ist jeder Lärm zu unterlassen.
- Teppiche dürfen nur während der zugelassenen Zeiten geklopft werden.

*) Antennenvertrag: RNK-Verlags-Nr. 510

- Abfälle jeder Art dürfen nur in die aufgestellten Mülltonnen geschüttet werden. Daneben geschüttete Abfälle sind sofort zu beseitigen. Sperrige Gegenstände muß der Mieter auf eigene Kosten abholen lassen bzw. die Sperrmüllabfuhr benutzen.

Darüber hinaus ist der Mieter verpflichtet:
- Seine Kinder ausreichend zu beaufsichtigen.
- Aus Fenstern, von Balkonen, auf Treppenfluren nichts auszuschütteln oder auszugießen oder hinunterzuwerfen.
- Auf Höfen und in Durchfahrten nicht radzufahren.
- Vor und auf dem Grundstück keine Tauben zu füttern.
- Scharf- oder übelriechende, leicht entzündliche oder sonstige schädliche Sachen sachgemäß zu beseitigen.
- Brennstoffe nicht innerhalb der Wohnung, sondern nur an den vom Vermieter bezeichneten Stellen zu zerkleinern.
- Für Verkehr, Aufstellen und Lagern von Gegenständen auf den gemeinschaftlich genutzten Flächen und Räumen (auch von Fahrzeugen jeder Art) gegebenenfalls die Einwilligung des Vermieters, ggf. auch die betreffende behördliche Genehmigung einholen.
- Mopeds, Motorräder und Motorroller nicht in der Wohnung, in Nebenräumen, im Treppenhaus oder im Keller abzustellen.
- Das Haus von 20.00 bis 6.00 Uhr zum Schutz der Hausbewohner verschlossen zu halten.
- Das Auftreten von Ungeziefer dem Vermieter sofort mitzuteilen und erforderlichenfalls geeignete Maßnahmen zur unverzüglichen Beseitigung einzuleiten, um ein weiteres Ausbreiten des Ungeziefers zu verhindern.
- Die Schlüssel dem Vermieter oder dessen Beauftragten abzuliefern, falls der Mieter vor Ablauf des gekündigten Vertrages ganz oder teilweise auszieht; auch wenn er noch Gegenstände in den Räumen beläßt, jedoch aus Anzahl und Beschaffenheit der zurückgelassenen Gegenstände die Absicht der Aufgabe des Mietbesitzes zu erkennen ist.
- In diesem Fall ist der Vermieter berechtigt, die Mieträume schon vor der endgültigen Räumung in Besitz zu nehmen.

Sorgfaltspflichten des Mieters

Der Mieter ist unter anderem zu folgendem verpflichtet:
- Die Fußböden trocken zu halten und ordnungsgemäß zu behandeln, so daß keine Schäden entstehen. Das Entstehen von Druckstellen ist durch zweckentsprechende Untersätze zu vermeiden.
- Die Gas-, Be- und Entwässerungsanlagen, die elektrische Anlage und sonstige Hauseinrichtungen nicht zu beschädigen, insbesondere Verstopfungen der Abwasserrohre zu verhindern, sowie die Gasbrennstellen sauber zu halten und Störungen an diesen Einrichtungen dem Vermieter oder seinem Beauftragten sofort zu melden.
- Die Benutzung von Waschmaschinen und Wäschetrocknern zu unterlassen, wenn zu befürchten ist, daß die Bausubstanz angegriffen wird oder andere Mieter belästigt werden.
- Türen und Fenster nachts, bei Unwetter oder Abwesenheit ordnungsgemäß geschlossen zu halten.
- Energie und Wasser nicht zu vergeuden.
- Balkone von Schnee zu räumen und sonstige Belastungen (Brennstoffe usw.) zu unterlassen.
- Kellerschächte und -fenster zu reinigen, soweit diese innerhalb des Mieterkellers liegen. Kellerräume und Bodenräume im für den gesamten Hauskeller bzw. -boden erforderlichen Umfang zu lüften und die Fenster bei Nacht, Nässe oder Kälte zu schließen.
- Die Vorschriften für die Bedienung von Aufzügen, Warmwasserbereitern, Feuerungsstellen usw. sind sorgfältig zu beachten.
- Alle Zubehörteile und Schlüssel sorgfältig zu behandeln und aufzubewahren.
- Die Mieträume ausreichend zu heizen, zu lüften und diese zugänglich zu halten.
- Die Zapfhähne zu schließen, besonders bei vorübergehender Wassersperre, auch während der Abwesenheit des Mieters.
- Alle wasserführenden Objekte stets frostfrei zu halten, bei starkem Frost die Wasserleitung, gegebenenfalls auch Toilettenbecken, Spülkästen und sonstige Einrichtungen zu entleeren. Während der Heizperiode Türen und Fenster von unbeheizten Räumen gut verschlossen zu halten. Notwendiges Lüften darf nicht zur Durchkältung der Räume führen. Bei Frost dürfen die Ventile der Heizkörper nicht auf „kalt" stehen.
- Abwesenheit entbindet den Mieter nicht davon, ausreichende Frostschutzmaßnahmen zu treffen.

Brandschutzbestimmungen

Alle allgemeinen, technischen und behördlichen Vorschriften, besonders auch die bau- und feuerpolizeilichen Bestimmungen (u. a. über die Lagerung von feuergefährlichen bzw. brennbaren Stoffen) sind zu beachten und einzuhalten.

Nicht gestattet bzw. zu unterlassen ist:
- Offenes Licht und Rauchen auf dem Boden oder im Keller. Das Lagern und Aufbewahren feuergefährlicher und leicht entzündlicher Stoffe (Benzin, Spiritus, Öl, Packmaterial, Feuerwerkskörper, usw.) auf dem Boden und im Keller.
- Das Aufbewahren von Möbeln, Matratzen, Textilien und Futtervorräten u. ä. auf dem Boden.
- Größere Gegenstände, wenn nicht anderweitig unterzubringen, sind so aufzustellen, daß diese Räume in allen Teilen leicht zugänglich und übersichtlich bleiben.
- Kleinere Gegenstände sind nur in geschlossenen Behältnissen (Kästen, Truhen, Koffern) aufzubewahren.

Der Mieter ist verpflichtet:
- Die Feuerstätten in brandsicherem Zustand (auch frei von Asche und Ruß) zu halten.
- Dem Schornsteinfeger das Reinigen der in den Mieträumen endenden Schornsteinrohre zu gestatten.
- Veränderungen an Feuerstätten und Abzugsrohren nur mit Genehmigung des Vermieters, der zuständigen Behörden bzw. des zuständigen Schornsteinfegermeisters vorzunehmen. An und unter den Feuerstellen den Fußboden ausreichend zu schützen.
- Nur geeignete und zulässige Brennmaterialien zu verwenden und diese nicht in der Wohnung aufzubewahren, sondern sachgemäß im Keller zu lagern.
- Heiße Asche nicht in die Mülltonnen zu entleeren, sondern sie zuvor mit Wasser abzulöschen.
- In den Miet-, Boden- und Kellerräumen nicht mit feuergefährlichen Mitteln zu hantieren. Bei Ausbruch eines Brandes oder bei einer Explosion – gleich welcher Art – die angemessenen Gegenmaßnahmen einzuleiten und sofort den Vermieter oder seinen Beauftragten zu verständigen.
- Alle Gasleitungen und -installationen ständig auf Dichtigkeit zu überwachen, bei verdächtigem Geruch sofort Hauptabsperrhähne zu schließen und Installateur oder Gaswerke sowie den Vermieter oder seinen Beauftragten zu benachrichtigen. Bei längerer Abwesenheit ist der Absperrhahn am Gaszähler zu schließen.

§ 21 – Weitere Vereinbarungen

1. Sollte eine der Bestimmungen dieses Vertrages ganz oder teilweise rechtsunwirksam sein oder werden, so wird die Gültigkeit der übrigen Bestimmungen dadurch nicht berührt. In einem solchen Fall ist der Vertrag vielmehr seinem Sinne gemäß zur Durchführung zu bringen. Beruht die Ungültigkeit auf einer Leistungs- oder Zeitbestimmung, so tritt an ihre Stelle das gesetzlich zulässige Maß.
2. ● Weitere Vereinbarungen, z. B. Erlaubnis zur Untervermietung, Tierhaltung, usw.: (ggf. besonders Blatt zusätzlich unterschreiben und in den Falz einkleben.)

____

____

____

____

____

____

____

____

Ort, Datum	Ort, Datum
Vermieter	Mieter

II. Pacht

1. Wesen des Pachtvertrages

Der Pachtvertrag wird in den meisten Grundrissen zum Bürgerlichen Recht nur auf einer knappen Seite abgetan, was seiner großen praktischen Bedeutung nicht gerecht wird. Der Grund dafür liegt in der Verweisung des § 581 Abs. 2: Auf die Pacht (mit Ausnahme der Landpacht) findet, soweit sich aus den nachfolgenden Vorschriften (§§ 582 ff.) nichts anderes ergibt, das Mietrecht Anwendung.

Pacht und Miete weisen große Ähnlichkeiten, aber auch Unterschiede auf: Auch beim Pachtvertrag handelt es sich um einen gegenseitigen Vertrag, durch den der Verpächter verpflichtet wird, dem Pächter den Gebrauch des gepachteten *Gegenstandes* und den Genuß der bei ordnungsgemäßer Wirtschaft anfallenden Früchte während der Pachtzeit zu gewähren (§ 581 Abs. 1 S. 1 – lesen Sie diese Vorschrift sorgfältig durch und lesen Sie noch einmal § 535 S. 1!).

■ Worin besteht bezüglich der Verpflichtungen von Vermieter und Verpächter die Gemeinsamkeit und worin bestehen wesentliche Unterschiede? (Lesen Sie die beiden genannten Vorschriften nochmals genau und schreiben Sie die Antwort auf, bevor Sie weiterlesen!)

▷ Gemeinsam ist beiden Schuldverhältnissen die Gebrauchsüberlassung gegen die Zahlung eines Entgelts, des Pachtzinses (§ 581 Abs. 1 S. 2) bzw. des Mietzinses (§ 535 S. 2) – (beide Vorschriften lesen).
Im Unterschied zur Miete, die nur an »Sachen« möglich ist, kann sich die Pacht auch auf »Rechte«[87] erstrecken, wie sich aus dem Gesetzeswortlaut von § 581 Abs. 1 S. 1 ergibt, in dem vom verpachteten »Gegenstand« die Rede ist. »Gegenstand« ist, wie Sie wissen (sollten), der Oberbegriff für Sachen (vgl. dazu nochmals § 90! = lesen) und Rechte. Weiter unterscheidet sich die Pacht von der Miete dadurch, daß der verpachtete Gegenstand nicht nur – wie die Mietsache – zum Gebrauch überlassen wird, sondern daß der Pächter auch zur Fruchtziehung berechtigt ist.

87 z. B. Urheber-, Patent-, Schank-, Jagd-, Fischerei- und Aneignungsrechte . . .

2. Besonderheiten

Besonderheiten gelten, wie in § 581 Abs. 2 schon angedeutet ist, für die »Landpacht«, d. h. für die Pacht eines landwirtschaftlichen Grundstücks, ohne oder mit den seiner Bewirtschaftung dienenden Wohn- oder Wirtschaftsgebäuden (= »landwirtschaftlicher Betrieb«).

Mit dem in den §§ 585 ff. geregelten »Landpachtrecht« brauchen Sie sich aber in diesem Rahmen nicht zu befassen.

3. Franchising[88]

Der Franchisevertrag ist eine aus den USA stammende Form eines gemischten Vertrages[89], der den Vertrieb von Waren und Dienstleistungen zum Inhalt hat und wesentliche Elemente der Pacht enthält. Dem Franchisenehmer wird über einen bloßen Lizenzvertrag hinaus gegen entsprechendes Entgelt vom Franchisegeber (regelmäßig ein Konzern) u.a. gestattet, dessen Namen, Warenzeichen, Schutzrechte und technische Ausstattung zu übernehmen, ohne dabei seine Selbständigkeit zu verlieren.[90]
Beispiele sind Kfz-Einzelhandelsysteme großer Autokonzerne, diverse Hotelketten oder die Imbißstubenkette *Mc Donald's*[91].

III. Leihe

1. Wesen der Leihe/Pflicht des Verleihers

Der Leihvertrag ist in den §§ 598–606 geregelt, von denen Sie zunächst § 598 lesen sollen, um sogleich den wesentlichen Unterschied zur Miete (§ 535 nochmals ganz lesen!) zu erkennen.
■ Was fällt Ihnen beim Vergleich dieser beiden Vorschriften auf?
▷ § 598 spricht nur von der Gebrauchsüberlassungspflicht (Sache!) des Verleihers. Eine Zahlungspflicht des Entleihers gibt es nicht; die

88 engl. franchise = Freizügigkeit
89 vgl. Teilband 1, S. 10 (Vertragsfreiheit)
90 vgl. *Creifelds*, S. 426
91 humorvollerweise bisweilen auch als »Restaurantkette« bezeichnet . . ., vgl. dazu BGH NJW 1985, 1894 und außerdem Günter *Wallraff*, Ganz unten, S. 28 ff. (»Essen mit Spaß«)

Leihe ist unentgeltlich[92]. Da der Pflicht des Verleihers keine unmittelbare, gegenseitige Pflicht des Entleihers gegenübersteht, sprechen wir beim Leihvertrag bekanntlich von einem »unvollkommen zweiseitig verpflichtenden« Vertrag.

2. Pflichten des Entleihers

Der Entleiher ist gem. § 603 verpflichtet, von der Sache nur den vertragsgemäßen Gebrauch zu machen, und er muß die Sache irgendwann einmal gem. § 604 zurückgeben (§ 603 und § 604 lesen!).

Diese Rückgabepflicht des § 604 ist nach dem bisher Gesagten keine Pflicht, die der Verpflichtung des Verleihers zur Gebrauchsüberlassung als direkte, gegenseitige Verpflichtung gegenübersteht.

Da es sich bei der Rückgabepflicht des Entleihers (wie auch bei der Rückgabepflicht des Mieters gem. § 556!) nicht um eine gegenseitige Pflicht handelt, gilt für den Fall, daß dem Entleiher die Rückgabe durch sein Verschulden unmöglich wird, nicht § 325 Abs. 1, sondern § 280 Abs. 1!

3. Haftungsbeschränkung des Verleihers

Die Tatsache, daß der Verleiher im Gegensatz zum Vermieter oder Verpächter für die Gebrauchsüberlassung keine Gegenleistung, kein Entgelt, bekommt, berücksichtigt das Gesetz zu seinen Gunsten mit den Haftungsbeschränkungen der §§ 599 und 600: Gem. § 599 haftet der Verleiher nur für Vorsatz und grobe Fahrlässigkeit[93], und für Mängel hat er gem. § 600 nur einzustehen, wenn er sie arglistig verschwiegen hat.

92 *Dieses Wort ist »verwandt« mit »entgelten«! Auch wenn Sie »Wirtschaftswissenschaften« studieren, sollten Sie nicht nur an Geld, sondern hin und wieder einmal an den »Duden« (Bd. I: Rechtschreibung) denken!*

93 vgl. § 276 Abs. 1 »soweit nicht ein anderes bestimmt ist«

IV. Darlehen

1. Wesen des Darlehens

Lesen Sie § 607 Abs. 1!

Das Wesen des Darlehens wird dadurch gekennzeichnet, daß Gegenstand des Darlehens Geld oder andere vertretbare Sachen sind[94], und daß der Darlehensempfänger verpflichtet ist, Sachen von gleicher Art, Güte und Menge zurückzuerstatten. Der gesetzliche Grundtyp des Darlehens ist das unentgeltliche Darlehen.

■ Ist dieser in § 607 Abs. 1 beschriebene Darlehensvertrag ein gegenseitiger Vertrag oder nicht? (Überlegen Sie!)

▷ Ähnlich wie in § 598 das Wesen der Leihe wird in § 607 Abs. 1 das Wesen des Darlehens dadurch gekennzeichnet, daß zunächst nur eine Partei verpflichtet ist: der Darlehensempfänger zur Rückerstattung. Es handelt sich nicht um einen gegenseitigen, sondern um einen »unvollkommen zweiseitig verpflichtenden« Vertrag.

■ Worin besteht der wesentliche Unterschied zwischen Darlehen und Leihe?

▷ Beim Darlehen wird nicht die Rückgabe »derselben«, sondern der gleichen Sache (»von mittlerer Art, Güte und Menge«) geschuldet.

Beispiel:
Ein Pfund Mehl von der Nachbarin »leihen« bedeutet rechtlich: ein unentgeltliches Darlehen nehmen![95]

2. Gelddarlehen

Rechtlich bedeutsamer und in der Praxis des Wirtschaftslebens weitaus häufiger als das unentgeltliche ist das entgeltliche Darlehen. Der Darlehensgeber bekommt vom Darlehensnehmer für die Darlehensüberlassung Zinsen.

Daß ein Darlehen gegen Zinsvergütung rechtlich möglich ist, folgt aus der Vertragsfreiheit und aus der Formulierung von § 608 1. HS,

94 Unterstreichen Sie in der ersten Zeile von § 607 das Wort »vertretbare« und schreiben Sie »§ 91« daneben an den Rand!

95 Dennoch ist es besser, wenn Sie die Nachbarin nicht mit der Bitte um ein »Darlehen« belästigen, wenn Sie nur Mehl wollen . . .

der eine solche Vereinbarung unterstellt und damit ausdrücklich zuläßt (– lesen).

■ Warum gewährt jemand – meistens handelt es sich beim Darlehensgeber um ein Geld- bzw. Kreditinstitut, also eine Bank oder Sparkasse – einem anderen ein Gelddarlehen?

▷ Sicherlich nicht, um dem Darlehensnehmer einen Gefallen oder Freundschaftsdienst zu erweisen[96], sondern um Geld zu verdienen! Das entgeltliche Darlehen wird gewährt, *damit* der Darlehensnehmer an den Darlehensgeber Zinsen zahlt.

■ Wie ist daher das entgeltliche Darlehen bezüglich der Verpflichtungen der Vertragsparteien gekennzeichnet?

▷ Es handelt sich um einen gegenseitigen Vertrag!

Wiederholen Sie Pacht, Leihe und Darlehen auf der folgenden Übersicht 6.

Übersicht 6:

Gebrauchsüberlassungsverträge
Pachtvertrag (§§ 581–587)
1. *Wesen des Pachtvertrages:* – Gebrauchsüberlassung eines Gegenstandes und Gewährung von Fruchtziehung gegen Entgelt (§ 581 Abs. 1) – Gem. § 581 Abs. 2 findet Mietrecht entsprechende Anwendung, soweit nicht Spezialvorschriften (§§ 582–597) andere Regelungen enthalten 2. *Gemeinsamkeit mit Mietvertrag:* – Gebrauchsüberlassung gegen Entgelt – Gegenseitiger Vertrag 3. *Unterschied zum Mietvertrag:* – Überlassung von *Gegenständen*, d. h. Sachen *und* Rechte – Nicht nur Gebrauch (Benutzung), sondern auch Nutzung (Fruchtziehung) *Beispiele:* – Gaststätte mit Schanklizenz – Unternehmen mit Urheberrechten – Jagdrevier mit Jagdausübungsrecht und Aneignungsrecht – Landwirtschaftliche Fläche mit Fruchtnutzung

96 wie z. B. die Mehl »leihende« Nachbarin …

Übersicht 6 Fortsetzung:

Leihvertrag (§§ 598–606)
Wesen des Leihvertrages: – Unentgeltliche Gebrauchsüberlassung einer Sache (vgl. § 90) – Unvollkommen zweiseitig verpflichtender Vertrag
Darlehensvertrag (§§ 607–610)
1. *Wesen des Darlehensvertrages:* – Überlassung von Geld oder vertretbaren Sachen (vgl. § 91) – Unentgeltliche Überlassung – § 607 Abs. 1; Unterschied zur Leihe: Rückgabepflicht = nicht dieselbe, sondern die gleiche Sache (»von mittlerer Art und Güte und Menge«) ist zurückzugeben (z. B. »1 Pfd. Mehl«). – entgeltliche Überlassung: § 608 (Zinsen) 2. *Rechtscharakter* – entgeltlich = gegenseitiger Vertrag – unentgeltlich = unvollkommen zweitseitig verpflichtender Vertrag

Literatur zur Vertiefung (2. Kapitel II–IV):

Brox	Bes. SchR, §§ 13, 15, 16
Klunzinger	§ 47
Löwisch	Vertragliche Schuldverhältnisse; §§ 15, 16
Musielak	§ 7 IV–VI

V. Verbraucherkredit

Für alle entgeltlichen Kreditverträge (z.B. Kauf-, Dienst- und Werkvertrag, Leasing) gilt, wie bereits angedeutet[97] das Verbraucherkreditgesetz.

1. Entstehungshintergrund[98] des VerbrKrG

Das Verbraucherkreditgesetz vom 17. 12. 1990 ist am 1.1.1991 in Kraft getreten. Es ist damit an die Stelle eines nahezu 100 Jahre alten Gesetzes getreten, des Abzahlungsgesetzes (AbzG) von 1894, das 1969 und 1974 wesentliche Neuerungen erfahren hatte!

Das Verbraucherkreditgesetz bildet das vorläufige Ende einer Reihe von Gesetzen, die der Verbesserung des Verbraucherschutzes gegenüber den Gefahren dienen, die der moderne Massenkonsum und die wirtschaftliche Macht der Anbieter von Konsumgütern mit sich bringen.

Erdrückt von einer materielle Sehnsüchte erweckenden Flut von Werbekampagnen wird »Otto Normal-Verbraucher« veranlaßt, sich Luxusgegenstände zu kaufen, Pauschalreisen nach Übersee zu buchen und Verträge mit kleingedruckten Bedingungen abzuschließen, deren Bedeutung er kaum überschauen kann. Zu manchen Vertragsschlüssen läßt er sich dabei von gewieften Verkäufervertretern an der Haustür überrumpeln.

Mit diesen Beispielen sind die neben dem Verbraucherkreditgesetz wichtigsten Verbraucherschutzgesetze und -vorschriften angesprochen:

In der Reihenfolge ihres Inkrafttretens sind dies das »Gesetz zur Regelung des Rechts der Allgemeinen Geschäftsbedingungen« (AGBG) von 1976, das 1979 in Gestalt der §§ 651 a–k in das BGB aufgenommene Reisevertragsrecht sowie das »Gesetz über den Widerruf von Haustürgeschäften und ähnlichen Geschäften« von 1986 (HausTWG).

97 vgl. oben S. 35
98 Für rechtshistorisch interessierte Leser/innen sei hierzu hingewiesen auf die spannenden Ausführungen von *Schwintowski*, JA 1992, 33 ff. zum »Zinsproblem«, dessen Entwicklung er weit zurückverfolgt und es dabei nicht versäumt, u.a. auf das alte und neue Testament, Aristoteles, das Konzil von Nicaea (325 n. Chr. = »kanonisches Zinsverbot«) und Thomas von Aquin zurückzugreifen.

Erwähnenswert ist auch noch das aufgrund einer EG-(Rats-)Richtlinie vom 25. 7. 1985 geschaffene, am 1.1.1990 in Kraft getretene »Produkthaftungsgesetz«, welches zum Schutze des Verbrauchers unter anderem eine verschuldensunabhängige Haftung des Herstellers für Produktschäden bestimmt.

Wie das Produkthaftungsgesetz ist auch das Verbraucherkreditgesetz nicht im nationalen Alleingang[99] entstanden, sondern aufgrund einer EG-Empfehlung, der »Richtlinie des Rates der Europäischen Gemeinschaften zur Angleichung der Rechts- und Verwaltungsvorschriften der Mitgliedstaaten über den Verbraucherkredit« von 1987. Das Verbraucherkreditgesetz setzt diese Richtlinie mit einiger Verspätung in nationales Recht um.[100]

Das Verbraucherkreditgesetz ist als Artikel 1 Bestandteil des »Gesetzes über Verbraucherkredite, zur Änderung der Zivilprozeßordnung und anderer Gesetze«. Es besteht aus vier Abschnitten, die in 18 Paragraphen untergliedert sind. Auf diese Paragraphen wird im folgenden Bezug genommen, sofern nicht ein besonderer Artikel des »Änderungsgesetzes« zitiert wird.

2. Allgemeine Übersicht über den Regelungsinhalt des VerbrKrG

Um sich seine materiellen Wünsche zu erfüllen, braucht der Verbraucher Geld! Durch verheißungsvolle Werbesprüche wie »Schnelles billiges Geld«, »Blitzkredit per Telefon« u.ä. wird er zum Schuldenmachen animiert, häufig, ohne sich über die Folgen, namentlich die Kosten der Kredite, im klaren zu sein.

Um dem Verbraucher die Kreditaufnahme diesbezüglich zu erleichtern, verlangt das Verbraucherkreditgesetz für die Vertragsurkunde die

a) Schriftform und bestimmte Mindestangaben.

So bestimmt z.B. § 4 VerbrKrG u.a., daß der Verbraucher die Kosten des Kredits möglichst genau erfahren muß.

99 vgl. *Medicus*, Jura 1991, 561

100 *Gursky*, »Nachtrag« (auf den sich auch die folgenden Verweisungen beziehen), S. 2

b) Widerrufsrecht

Oft erkennt ein Verbraucher nach schneller Entscheidung zur Kreditaufnahme erst bei genauerem Nachdenken, daß er seine Belastungsgrenze überschätzt hat oder daß es günstigere Finanzierungsmöglichkeiten gibt. Für solche Fälle gibt ihm § 7 VerbrKrG ein Widerrufsrecht. Das Widerrufsrecht, wie das gesamte Verbraucherkreditgesetz, gilt im übrigen – im Gegensatz zum alten Abzahlungsgesetz – auch für sogenannte

c) »Verbundene Geschäfte«

Bei dieser Art von Geschäften tritt als Kreditgeber neben dem direkten Lieferungs- oder Dienstleistungsvertragspartner des Verbrauchers als Drittfinanzierer regelmäßig ein Geldinstitut. Die Gefahren, daß dem Verbraucher dadurch, z.B. bei Schlechtlieferung, Verteidigungsmöglichkeiten abgeschnitten werden, die ihm bei direkter Kreditgewährung gegenüber dem Vertragspartner zustünden, versucht das VerbrKrG durch die §§ 9 und 10 einzudämmen, indem es vor allem einen sogenannten »Einwendungsdurchgriff« vorsieht. Schließlich schützt das VerbrKrG den Verbraucher auch bei

d) Verzug und Verzugsfolgen.

Kommt der Schuldner einmal mit seinen Zahlungsverpflichtungen in Verzug, kann das zu einem raschen Anwachsen seiner Verschuldung führen, da nun Verzugszinsen und ggf. Verzugsschaden zu bezahlen sind. Oft nimmt der Schuldner in solchen Fällen einen neuen Kredit auf, um damit den ersten abzulösen. Doch der höhere Zweitkredit bringt höhere Kosten mit sich und läßt den Verbraucher immer tiefer in wirtschaftliche Not geraten, wobei er kaum eine Chance besitzt, jemals wieder von seinem Schuldenberg herunterzukommen.[101] Zur Lösung dieser sogenannten »Schuldturmproblematik« versucht das VerbrKrG u.a. durch Verzugszinsregelungen, die von denen des allgemeinen Schuldrechts zugunsten des Verbrauchers abweichen, einen Beitrag zu leisten. Insbesondere sind hierzu die §§ 11–13 VerbrKrG zu nennen.

101 vgl. *Emmerich*, JuS 1991, 709

3. Die Anwendbarkeit und die wichtigsten Schutzvorschriften des VerbrKrG im einzelnen

Den Inhalt der wichtigsten Schutzvorschriften des Verbraucherkreditgesetzes prägen Sie sich am besten ein, indem Sie sie anhand eines praktischen Falles kennenlernen.

Die Prüfungsreihe entspricht dabei einem Prüfungsschema, dessen Anwendung für Klausuren zu empfehlen ist (sofern die einzelnen Vorschriften auf den jeweiligen Sachverhalt »passen«).

Übungsfall 6

K hat sich im Möbelgeschäft des V eine neue Einrichtung für seine Privatwohnung für DM 15.500,– gekauft, wovon er 3.500,– DM anzahlt. Um die restlichen 12.000,– DM zu finanzieren, nimmt K auf Vorschlag des V, der in langjähriger Geschäftsverbindung mit der B-Bank steht, bei dieser einen Kredit auf. Der Restbetrag von 12.000,– DM wird von B direkt auf das Konto des V überwiesen.

In dem von K unterschriebenen Kreditvertrag ist darüber hinaus folgendes festgelegt:

Ausgezahlter Betrag	12.000,– DM
Bearbeitungsgebühr 2 %	240,– DM
Bewilligungsbetrag	12.240,– DM
Nominalzinssatz	10 %
Summe der Zahlungen	15.120,– DM
Summe der Zinsen	2.880,– DM

Laufzeit des Kredits: 2 Jahre
Tilgung: 14 Teilzahlungsraten à DM 630,–
zum 1. jeden Monats (erstmalig: 1.7.)

Außerdem heißt es: »Kommt der Kreditnehmer mit der Zahlung von zwei Raten oder mehr in Verzug, so wird innerhalb von zwei Wochen der gesamte Restbetrag fällig«.

Drei Monate nach Lieferung der Möbel durch V stellt K fest, daß an den Polstermöbeln infolge mangelhafter Verarbeitung Nähte reißen und sich aufgrund schlechter Verleimung an mehreren Regalen Furniere abheben. Da V auf entsprechende Rügen des K nicht reagiert, stellt K die Kreditrückzahlung ein. Nachdem K mit zwei Teilzahlungsraten in Verzug geraten ist, setzt ihm die Bank zwei Wochen Frist zur Zahlung des rückständigen Betrages und droht ihm an, bei Nichtzahlung die gesamte Restschuld einzuklagen.

Würde eine Klage der B gegen K Erfolg haben?

Die Klage der B kann nur Erfolg haben, wenn B gegen K einen Anspruch auf Zahlung des Restbetrages hat. Als Anspruchsgrundlage für das Rückzahlungsverlangen der B kommt daher § 607 Abs. 1 BGB in Betracht. Ob dieser Anspruch begründet ist, hängt davon ab, ob die Rückzahlung des Kredits nach dem Inhalt des Vertrages bereits fällig ist, oder ob der Rückforderung des Gesamtbetrages Schutzvorschriften des Verbraucherkreditgesetzes entgegenstehen. Dann müßte das Verbraucherkreditgesetz auf den vorliegenden Fall anwendbar sein.

a) Anwendungsbereich des VerbrKrG

Der Anwendungsbereich des Gesetzes ist in § 1 VerbrKrG geregelt.

aa) Persönlicher Anwendungsbereich

Voraussetzung für die Anwendbarkeit des Gesetzes ist nach § 1 Abs. 1 VerbrKrG, daß der Kreditgeber einen Kredit im Rahmen seiner gewerblichen oder beruflichen Tätigkeit gewährt und der Kreditnehmer »Verbraucher«, d.h. eine natürliche Person ist, die den Kredit *nicht* für ihre bereits ausgeübte gewerbliche oder selbständige berufliche Tätigkeit, sondern für private Zwecke verwendet.

■ Überlegen Sie selbst einen Moment, ob diese Voraussetzungen in unserem Fall auf B und K zutreffen, bevor Sie weiterlesen! Wenn Sie diesem Rat gefolgt sind, sind Sie sicherlich zu dem folgenden Ergebnis gekommen:

▷ Die B-Bank ist im Fallbeispiel Kreditgeber i. S. v. § 1 Abs. 1 VerbrKrG, da sie den Kredit in Ausübung ihrer gewerblichen Tätigkeit gewährt hat, und K ist Verbraucher i. S. d. Gesetzes, da er als natürliche Person den Kredit für private Zwecke aufgenommen hat.

Aus der Formulierung »bereits ausgeübte gewerbliche oder berufliche Tätigkeit« folgt übrigens, daß ein Kredit zur Aufnahme oder *Begründung* einer gewerblichen oder beruflichen Existenz dem VerbrKrG unterfällt (sog. »Existenzgründungsdarlehen«). Dies allerdings nur – wie sich aus § 3 Abs. 1 Nr. 2 VerbrKrG ergibt –, wenn der Kreditbetrag DM 100.000,– nicht übersteigt.

bb) Sachlicher Anwendungsbereich

Der sachliche Anwendungsbereich des Gesetzes ergibt sich aus § 1 Abs. 2 und 3 sowie den §§ 2 und 3 VerbrKrG. Aus diesen Vorschriften folgt vor allem, daß das VerbrKrG – im Gegensatz zum alten Abzahlungsgesetz – nicht nur für Abzahlungs*kaufverträge* gilt, sondern für *alle* entgeltlichen Kreditverträge! Dazu gehören alle verzinslichen Darlehen inkl. Überziehungskredite und Kreditkartendarlehen sowie sämtliche Austauschverträge (außer Kauf- z.B. auch Werk-, Dienst- und Geschäftsbesorgungsverträge), bei denen die eine Seite vorleistet und der anderen Seite gegen Entgelt Zahlungsaufschub gewährt wird.[102]

■ Überlegen Sie wieder selbst, ob das Verbraucherkreditgesetz danach auch sachlich auf unseren Fall anwendbar ist!

▷ Da die Bank B dem K einen entgeltlichen Kredit in Form eines verzinslichen Darlehens gewährt hat, liegen die Voraussetzungen für die sachliche Anwendbarkeit des Verbraucherkreditgesetzes im Fallbeispiel vor, sofern keine Ausnahmezustände eingreifen.

Gem. § 1 Abs. 3 VerbrKrG erstreckt sich die sachliche Anwendbarkeit des Gesetzes auch auf sog. »Kreditvermittlungsverträge«, nach denen ein Kreditvermittler es unternimmt, einem Verbraucher gegen Entgelt einen Kredit zu vermitteln oder ihm die Gelegenheit zum Abschluß eines Kreditvertrages nachzuweisen.

cc) Ausnahmen

Der Anwendung des Verbraucherkreditgesetzes steht in unserem Fallbeispiel auch keiner der Ausnahmetatbestände entgegen, die in § 3 VerbrKrG katalogartig aufgezählt sind.

Danach gilt das Verbraucherkreditgesetz insbesondere *nicht* für:

a) Sog. »Bagatellkredite« unter 400,– DM
b) Existenzgründungsdarlehen über 100.000,– DM
c) Kreditierungen von nicht mehr als drei Monaten
d) Arbeitgeberdarlehen, deren Zinsen unter den marktüblichen Sätzen liegen.

102 vgl. *Gursky*, S. 2

Da das Verbraucherkreditgesetz auf unseren Fall anwendbar ist, sind der Kreditvertrag und das Rückzahlungsbegehren der B nunmehr anhand der Vorschriften dieses Gesetzes zu überprüfen!

b) Formerfordernisse

aa) Schriftform und Mindestinhalt von Kreditverträgen

Gem. § 4 Abs. 1 S. 1 VerbrKrG bedarf jeder Kreditvertrag der Schriftform.

Damit der Verbraucher genauestens darüber informiert wird, welche rechtlichen und wirtschaftlichen Nachteile er zu tragen hat, wenn er den ihm angebotenen Kredit in Anspruch nimmt, muß der Kreditvertrag darüber hinaus eine Vielzahl bestimmter Angaben enthalten.

Welche Angaben in der Vertragsurkunde im einzelnen enthalten sein müssen, richtet sich gemäß § 4 Abs. 1 S. 2 Nrn. 1 und 2 VerbrKrG danach, ob es sich um einen

(a) allgemeinen Kreditvertrag (darunter fallen reine Darlehen) oder

(b) Kreditvertrag über Lieferung einer bestimmten Sache gegen Teilzahlungen handelt.

In unserem Fall handelt es sich um einen allgemeinen Kreditvertrag.

Die Besonderheit dieses Vertrages besteht darin, daß Lieferant und Kreditgeber nicht in einer Vertragspartei vereinigt sind. Es handelt sich um einen sog. »finanzierten Abzahlungskauf«, der im Abzahlungsgesetz nicht ausdrücklich geregelt war, nunmehr aber vom Verbraucherkreditgesetz als »verbundenes Geschäft« gem. § 9 Abs. 1 VerbrKrG erfaßt wird.

Für den Mindestinhalt des Kreditvertrages zwischen der B und K gilt somit § 4 Abs. 1 S. 2 Nr. 1 a-g VerbrKrG.

Da in unserem Fall weder vom Abschluß einer Versicherung noch von einer zu bestellenden Sicherheit die Rede ist, waren Angaben zu f) und g) entbehrlich.

■ Wenn Sie § 4 Abs. 1 S. 2 Nr. 1 a-e nochmals aufmerksam lesen, dürfte es nicht schwerfallen festzustellen, welche der Angaben im Vertragsformular der Bank fehlt.

▷ Vgl. Fußnote [103]

103 Es fehlt die Angabe des effektiven Jahreszinses!

Mangels der Vollständigkeit der notwendigen Angaben des Kreditgebers sind nun zu prüfen die

bb) Rechtsfolgen von Formmängeln.

(1) Nichtigkeit

Bei Nichteinhaltung der gesetzlich vorgeschriebenen Form ist ein Rechtsgeschäft gem. § 125 S. 1 BGB im Regelfall nichtig.
Grundsätzlich ist daher auch ein Kreditvertrag, der gegen die Formvorschriften des § 4 VerbrKrG verstößt, gem. § 6 Abs. 1 VerbrKrG nichtig!

(2) Heilung von Formmängeln

Der Mangel der Form, die für schuldrechtliche Verpflichtungsgeschäfte vorgeschrieben ist (so z.B. in den §§ 313 S. 1, 518 Abs. 1 S. 1 und 766 S. 1 BGB), führt ausnahmsweise nicht zur Nichtigkeit, wenn das formlos geschlossene Rechtsgeschäft *erfüllt* wurde (vgl. §§ 313 S. 2, 518 Abs. 2, 766 S. 2 BGB).

Auch das Verbraucherkreditgesetz enthält Ausnahmetatbestände zu § 125 BGB: Bei Verstoß gegen § 4 Abs. 1 S. 2 Nr. 1 VerbrKrG gilt zunächst § 6 Abs. 2 S. 1 VerbrKrG. Danach wird der wegen Formmangels eigentlich nichtige Kreditvertrag gültig, wenn der Verbraucher das Darlehen empfangen oder einen Kredit in Anspruch genommen hat.

Bei einem Verstoß gegen § 4 Abs. 1 S. 2 Nr. 2 VerbrKrG ist der Kreditvertrag gem. § 6 Abs. 3 S. 1 VerbrKrG gültig, wenn dem Verbraucher die Sache übergeben oder die Leistung erbracht wird.

Wenn die Angabe des effektiven Jahreszinses fehlt, braucht der Verbraucher (gem. § 246 BGB) jedoch nur 4 % Zinsen pro Jahr zu zahlen (§ 6 Abs. 3 S. 2).

Auf dieser Grundlage müßten die einzelnen Monatsraten daher neu berechnet werden.

Nicht für unseren Fall, aber für den Verbraucherschutz im allgemeinen, ist von Bedeutung das

c) Widerrufsrecht des Verbrauchers.

aa) Voraussetzungen

Lesen Sie dazu § 7 Abs. 1 VerbrKrG!
Diese Regelung ist § 1 b Abs. 1 des alten Abzahlungsgesetzes sowie § 1 Abs. 1 HausTWG nachgebildet.[104] Sinn dieser Vorschrift ist es (wie eingangs erwähnt), dem Verbraucher nach Abgabe seiner Vertragserklärung noch Zeit zum Nachdenken einzuräumen und ihm wegen der wirtschaftlichen Bedeutung und Tragweite des Geschäfts und auch wegen der schwierigen Vertragsmaterie eine Lösungsmöglichkeit zu erhalten.[105]

Solange er innerhalb einer Woche noch die Möglichkeit hat, seine Willenserklärung zu widerrufen, ist der Vertrag »schwebend unwirksam«.

Gem. § 7 Abs. 2 S. 2 VerbrKrG beginnt die Frist mit Empfang der vom Verbraucher zu unterschreibenden, besonders gestalteten schriftlichen Belehrung über das Widerrufsrecht. Fehlt die Belehrung (§ 7 Abs. 2 S. 3 VerbrKrG), erlischt das Widerrufsrecht erst nach beiderseits vollständiger Erbringung der Leistung, spätestens jedoch ein Jahr nach Abgabe der auf den Abschluß des Kreditvertrages gerichteten Willenserklärung.[106]

bb) Rechtsfolgen

Für die Rechtsfolgen des Widerrufs verweist § 7 Abs. 4 VerbrKrG auf § 3 HausTWG.
Daraus ergibt sich, daß

a) jeder Vertragsteil dem anderen die empfangenen Leistungen zurückzugewähren hat;
b) der Kreditkäufer für die Benutzung der Sache bis zur Ausübung des Widerrufsrechts die übliche Vergütung zahlen und
c) ggf. für eine von ihm verschuldete Zerstörung oder Beschädigung der Sache Ersatz leisten muß;

104 *Palandt/Putzo*, VerbrKrG Art. 1, § 7, Rdnr. 1
105 ebenda
106 Dies ist zwar gegenüber der alten Regelung des § 1 b Abs. 2 S. 3 AbzG – der keine Jahresfrist vorsieht – ein Nachteil für den Verbraucher, »aber immerhin praktikabler als die bisherige Regelung« (so zu Recht kritisch *Bender*, VuR 1991, S. 200)

d) außerdem hat er einerseits einen Anspruch auf Ersatz von Aufwendungen, die er notwendigerweise zum Erhalt der Sache gemacht hat.

Wenden wir uns nun wieder unserem Übungsfall zu!

Für seine Lösung ist weiterhin von Bedeutung, daß es sich bei dem Kreditvertrag zwischen B und K um einen Vertrag i. S. v. § 9 Abs. 1 VerbrKrG handelt. Dieser regelt, wie angedeutet, sog.

d) »Verbundene Geschäfte«.

aa) Begriff

Nach § 9 Abs. 1 VerbrKrG liegt ein »verbundenes Geschäft« vor, wenn ein Kauf- und Kreditvertrag derart miteinander verbunden sind, daß sie zwar keine rechtliche, doch eine »wirtschaftliche Einheit« bilden. Während beim gewöhnlichen Abzahlungskauf der Verkäufer seinem Käufer durch Vereinbarung von Teilzahlungen unmittelbar und selbst Kredit gewährt, tritt beim finanzierten Kauf ein Finanzierungsinstitut (Bank oder Sparkasse) neben den Verkäufer. Die Bank zahlt i.d.R. den gesamten Restkaufpreis für den Käufer sofort an den Verkäufer, während dieser den Kredit in Raten (+ Zinsen) bei der Bank abzahlt (sog. »B-Geschäft«[107]).

Auf den finanzierten Kauf waren über § 6 AbzG die Vorschriften des Abzahlungsgesetzes analog anwendbar gewesen. Das Verbraucherkreditgesetz hat nunmehr klare Verhältnisse geschaffen.

107 Die Abwicklung eines Teilzahlungsgeschäfts erfolgt in verschiedenen Grundformen, wobei man aus der Sicht des Kreditinstitutes zwischen direkter und indirekter Kundenfinanzierung unterscheidet. – Bei der direkten Kundenfinanzierung (»A-Geschäft«) wird das Darlehen entweder durch Zahlungsanweisung (z.B. Scheck), durch Überweisung an den Lieferanten oder durch Barauszahlung in Anspruch genommen. Bei der indirekten Kundenfinanzierung, bei der der Verkäufer die Verbindung zwischen Käufer und Kreditinstitut herstellt, unterscheidet man »B-Geschäfte« und »C-Geschäfte«: Beim «B-Geschäft« leistet der Käufer in der Regel eine Anzahlung von ca. 30 % des Kaufpreises und beantragt für die Restsumme über den Verkäufer einen Teilzahlungskredit, den er dann in Raten zurückzahlt. Das »C-Geschäft« unterscheidet sich vom »B-Geschäft« dadurch, daß die Teilzahlungskredite nicht als Buchkredite, sondern in Form von Wechseln gewährt werden.

Bei den »verbundenen Geschäften« soll der Verbraucher im Ergebnis nicht schlechter stehen, als wenn der Verkäufer (oder Werksunternehmer usw.) selbst den Kredit gewährt hätte.[108]

bb) Die gesetzlichen Regelungen

(1) Erstreckung des Widerrufsrechts auf den drittfinanzierten Vertrag

Das Widerrufsrecht erstreckt sich gem. § 9 Abs. 2 S. 1 VerbrKrG vom Kreditvertrag auch auf den Kaufvertrag (bzw. sonstigen drittfinanzierten Vertrag), der somit bis zum Erlöschen des Widerrufsrechts ebenfalls schwebend unwirksam ist.

(2) Einwendungsdurchgriff

Gem. § 9 Abs. 3 VerbrKrG kann der Verbraucher die Rückzahlung des Kredits verweigern, soweit ihn Einwendungen aus dem verbundenen Kaufvertrag gegenüber dem Käufer zur Verweigerung seiner Leistung berechtigen würden.

In unserem Fall könnte K dem V, wenn dieser zugleich Kreditgeber wäre, entgegenhalten, daß dieser den Kaufvertrag schlecht erfüllt habe und entsprechende Gewährleistungsansprüche (Wandelung bzw. Minderung gem. § 462 BGB) geltend machen!

Solange darüber noch nicht entschieden ist, hat der Verbraucher gegenüber dem Verkäufer ein Leistungsverweigerungsrecht und soll dieses auch dem Kreditgeber gegenüber geltend machen können, indem er die Rückzahlung des Kredites verweigern kann.

Dieser von der Rechtsprechung und Lehre entwickelte »Einwendungsdurchgriff« ist nunmehr also gesetzlich fixiert. Er ist allerdings gem. § 9 Abs. 3 S. 2 VerbrKrG bei Bagatellkrediten unter einem finanzierten Kaufpreis von 400,– DM ausgeschlossen. Das gleiche gilt, solange der Verbraucher gegenüber dem Verkäufer einen gesetzlichen oder vertraglichen Anspruch auf Nachbesserung oder Ersatzlieferung geltend machen kann (§ 9 Abs. 3 S. 3 VerbrKrG).

Anders als z.B. beim Werkvertrag (vgl. § 633 BGB) ist beim Kaufvertrag ein gesetzliches Nachbesserungsrecht nicht vorgesehen, und in unserem Fall wurde auch keines vertraglich vereinbart (was gem. § 476a BGB grundsätzlich möglich wäre).

108 *Gursky*, S. 5

Für die Lösung unseres Falles bedeutet dies:

Da auf den Darlehensvertrag zwischen B und K das VerbrKrG anwendbar ist, kann K der B gem. § 9 VerbrKrG entgegenhalten, daß ihm gegenüber V Gewährleistungsrechte zustehen, die ihn zur Verweigerung der Bezahlung des Restkaufpreises und damit des Restdarlehens berechtigen.

Als Ergebnis unseres Übungsfalles können wir daher festhalten: Eine Klage der B gegen K würde keinen Erfolg haben, so daß der Zahlungsverzug des K für die Lösung nicht mehr von Bedeutung ist! –

Mit dem Verzug des Verbrauchers ist indessen ein ganz wichtiger Regelungsbereich des VerbrKrG angesprochen, der in einer Einführung in dieses Gesetz nicht fehlen darf! Er betrifft das

e) Kündigungs- und Rücktrittsrecht des Kreditgebers beim Verzug des Kreditnehmers.

Zu unterscheiden ist dabei zwischen reinen Geld-Teilzahlungskrediten und Waren- oder Dienstleistungskrediten.

aa) (Geld-)Teilzahlungskredite

Hierbei kann der Kreditgeber den Kreditvertrag wegen Zahlungsverzugs gem. § 12 Abs. 1 nur kündigen, wenn ein sog. »qualifizierter Ratenverzug« i. S. v. § 12 Abs. 1 S. 1 Nr. 1 und 2 vorliegt.

Das bedeutet: Der Verbraucher muß mit mindestens zwei aufeinanderfolgenden Teilzahlungsraten (ohne Mitrechnung einer eventuellen Anzahlung) ganz oder teilweise sowie mit mindestens 10 % (bei einer Kreditlaufzeit von mehr als 3 Jahren nur 5 %) des Kreditbetrages oder des Teilbetrages in Verzug sein, *und* der Kreditgeber muß dem Verbraucher erfolglos eine Nachfrist gesetzt und dabei die sog. »Gesamtfälligstellung« angedroht haben (§ 12 Abs. 1 S. 1 Nr. und 2).

Beim

bb) Waren- oder Dienstleistungskredit

kann der Kreditgeber grundsätzlich nach § 13 Abs. 1, der auf § 12 Abs. 1 VerbrKrG verweist, unter den gleichen Voraussetzungen zurücktreten wie der Geldkreditgeber. Durch diese Verweisung auf § 12 Abs. 1 wird verhindert, daß dem Verbraucher die Nutzung der gelieferten Sache schon bei kurzfristigen Zahlungsschwierigkeiten infolge des Rücktritts des Kreditgebers entzogen werden kann.[109]

Die Rechtsfolgen des Rücktritts richten sich gem. § 13 Abs. 2 VerbrKrG im wesentlichen nach den §§ 346 ff. BGB

Zum Schutze des Verbrauchers enthält das VerbrKrG darüber hinaus besondere Regelungen für

f) Verzug und Verzugsfolgen.

Wie bereits erwähnt, hat der Gesetzgeber sich bemüht, im VerbrKrG einen Beitrag zur Lösung der sog. »Schuldturmproblematik« zu leisten.

Und wie eingangs angedeutet, verbirgt sich hinter diesem Begriff, daß ein einmal in Verzug geratener Verbraucher durch das rasche Anwachsen seiner Schuld aufgrund überhöhter Zinsen oder Zweitkrediten immer tiefer in wirtschaftliche Not gerät und kaum eine Chance hat, von seinem Schuldenberg wieder herunterzukommen, wenn er seine Zahlungen wieder aufnimmt![110] Dies versucht das Verbraucherkreditgesetz im wesentlichen durch zwei Regelungen zu verhindern bzw. zu mindern:

aa) Zinsbegrenzung

Gem. § 11 Abs. 1 VerbrKrG darf der Kreditgeber beim Verzug des Verbrauchers den geschuldeten Betrag mit maximal 5 % über dem jeweiligen Diskontsatz der Deutschen Bundesbank verzinsen (derzeitige Höhe – 5,75 %; Stand: 22. 10. 1993).

Dieser Richtsatz gilt gem. § 11 Abs. 1 allerdings nur, sofern dem Kreditgeber nicht der Nachweis eines höheren bzw. dem Kreditnehmer (Verbraucher) nicht der Nachweis eines niedrigeren Verzugsschadens gelingt! Da ihm dies, wenn überhaupt, nur schwer gelingen wird, ist das paradoxerweise eine sehr verbraucherunfreundliche Regelung!

bb) Anrechnung von Teilzahlungen auf die Hauptschuld

Darüber hinaus soll dem Verbraucher durch § 11 Abs. 3 S. 1 VerbrKrG geholfen werden, der (als lex specialis) § 367 BGB modifi-

109 *Gursky*, S. 7
110 vgl. *Emmerich*, JuS 1991, S. 709

ziert: § 367 Abs. 1 BGB enthält die Anrechnungsfolge »Kosten (der Rechtsverfolgung) – Zinsen – Hauptschuld«, was zur Folge hätte, daß sich die Hauptschuld des Verbrauchers ständig erhöhen würde, weil die Zahlungen nicht ausreichen, um die angefallenen Zinsen zu decken. Die Regelung des § 11 Abs. 3 S. 1 VerbrKrG eröffnet dem Verbraucher nun die Chance, durch Teilzahlungen, die zunächst auf die Kosten der Rechtsverfolgung, dann auf die Hauptschuld und zuletzt auf die Zinsen angerechnet werden, von seinem Schuldenberg leichter herunter zu kommen.

g) Kreditvermittlungsvertrag

Dem in § 1 Abs. 3 VerbrKrG definierten Kreditvermittlungsvertrag hat der Gesetzgeber einen eigenen dritten Abschnitt (§§ 15-17 VerbrKrG) gewidmet. Gem. § 15 Abs. 1 VerbrKrG bedürfen auch Kreditvermittlungsverträge der Schriftform, und gem. § 17 S. 1 VerbrKrG muß die Vertragsurkunde insbesondere die Provision für den Vermittler als Prozentsatz des Darlehensbetrages ebenso angeben wie eine eventuelle vom Kreditgeber gezahlte Vergütung. Der Provisionsanspruch entsteht erst, wenn das Darlehen wirklich ausgezahlt wird (§ 16 S. 1 VerbrKrG) und das Widerrufsrecht (§ 7 VerbrKrG) bereits erloschen ist.[111]

h) Unabdingbarkeit und Umgehungsverbot

Gem. § 18 S. 1 VerbrKrG darf von den Vorschriften des Gesetzes nicht zum Nachteil des Verbrauchers abgewichen werden, und § 18 S. 2 VerbrKrG enthält ein sehr allgemein formuliertes[112] Umgehungsverbot. Klarer formuliert war insofern § 6 AbzG!

i) Anwendung des Abzahlungsgesetzes auf alte Verträge

Gem. Art. 9 (Übergangsvorschriften) des »Gesetzes über Verbraucherkredite, zur Änderung der Zivilprozeßordnung und anderer Gesetze« ist auf Kreditverträge, die vor dem Inkrafttreten des Verbraucherkreditgesetzes geschlossen wurden, noch das Abzahlungsgesetz anzuwenden. Daher scheint es sinnvoll, die Vorschriften des Abzahlungsgeset-

111 *Gursky*, S. 7
112 vgl. *Bülow*, NJW 1991, 133

zes und des Verbraucherkreditgesetzes miteinander zu vergleichen und Entsprechungen synoptisch gegenüberzustellen, wie es bereits *Bülow*[113] unternommen hat:

AbzG (§§)	VerbrKrG (§§)
1	13 Abs. 1 u. 2, 14
1 Abs. 3	6 Abs. 3
1a Abs. 1	4 Abs. 1 Nr. 2
1a Abs. 3	4 Abs. 3
1a Abs. 4 u. 5	7 Abs. 1 u. 3
1b Abs. 3	8 Abs. 1
1b Abs. 5	8 Abs. 2
1b Abs. 6	18 S. 1
1c	2
1d	7 Abs. 4 i.V.m. 3 HausTWG
2	7 Abs. 4 i.V.m. 3 HausTWG
4 Abs. 2	12 Abs. 1
5	13 Abs. 3
6	18 S. 2
8	1 Abs. 1

Literatur zur Vertiefung (2. Kapitel V):

Bender	VuR 1991, S. 197 ff.
Bülow	NJW 1991, S. 129 ff.
Coester	Jura 1992, S. 617 ff.
Emmerich	JuS 1991, S. 705 ff.
Medicus	Jura 1991, S. 561 ff.
Schwintowski	JA 1992, S. 33 ff.

113 ebenda, 134

3. Kapitel: Dienstleistungsverträge und ähnliche Verträge

I. Dienstvertrag

Beim Dienstvertrag, der in den §§ 611–630 geregelt ist, handelt es sich wiederum um einen typischen gegenseitigen Vertrag.

1. Wesen

Das Wesen des Dienstvertrages beschreibt § 611 (lesen!). Gegenstand des Dienstvertrages ist (Abs. 1) die Leistung von Diensten, d. h., das reine Tätigwerden des Dienstverpflichteten für den Dienstherrn gegen Zahlung einer Vergütung.

Gegenstand des Dienstvertrages können gem. § 611 Abs. 2 Dienste bzw. Tätigkeiten jeder Art sein.

Dabei ist – um den Dienstvertrag zu ähnlichen Verträgen abzugrenzen – ganz wichtig, daß der Dienstverpflichtete wirklich nur seine *Tätigkeit* als solche, nicht aber einen bestimmten *Erfolg* dieser Tätigkeit schuldet. Darin liegt der wesentliche Unterschied zum Werkvertrag. Lesen Sie zur ersten Information § 631 Abs. 1, bevor wir unten auf das Werkvertragsrecht noch ausführlicher eingehen.

Auch der »Unternehmer« i. S. v. § 631 Abs. 1 schuldet zwangsläufig ein Tätigwerden; als Erfolg seiner Tätigkeit aber zusätzlich das versprochene »Werk«. Diese theoretisch saubere und einleuchtende rechtliche Abgrenzung von Dienst- und Werkvertrag ist tatsächlich bisweilen nicht ganz einfach nachzuvollziehen.

■ Welchem Vertragstyp würden Sie z. B. einen Vertrag mit einem Arzt oder Zahnarzt zuordnen? (Überlegen Sie!).

▷ Normalerweise liegt ein Dienstvertrag vor: Arzt wie Zahnarzt schulden die Behandlung des Patienten nach den Regeln der ärztlichen Kunst; für einen bestimmten Erfolg können und wollen sie in der Regel verständlicherweise nicht einstehen!

Dennoch kann es sich bei einem Vertrag mit einem Arzt oder Zahnarzt ausnahmsweise um einen Werkvertrag handeln!

■ Überlegen Sie, in welchen Fällen ein Arzt ein »Werk« und damit den Erfolg seiner Tätigkeit schulden wird!

▷ Wenn z. B. der Chirurg die Operation eines gebrochenen Beines übernimmt oder der Zahnarzt Zahnersatz (Brücken oder Kronen) einsetzt: Nicht nur die reine Behandlung, sondern auch ein bestimmter Erfolg der Behandlung (das »reparierte« Bein bzw. die gut sitzende »Goldkrone«) wird geschuldet.

Weitere Beispiele für typische Dienstverträge sind: Rechtsanwalt, der Prozeß führt[114]; Lehrer, der Nachhilfestunden gibt; Architekt als Bauleiter . . . Soll aber der Rechtsanwalt ein Gutachten erstellen oder der Architekt einen Bauplan entwerfen, haben sie einen Werkvertrag geschlossen . . .

2. Besonderheiten

Ist ein Dienstvertrag so gestaltet, daß der Dienstverpflichtete seine Tätigkeit bezüglich Art, Ort und Zeit nach den Weisungen des Dienstberechtigten zu erbringen hat, handelt es sich um einen typischen Arbeitsvertrag. Die Vertragsparteien heißen »Arbeitgeber« und »Arbeitnehmer«, Begriffe, die z. B. in dem später eingefügten § 611 a (nur Abs. 1 S. 1 lesen) verwendet werden. Wegen der immensen Bedeutung des Dienstvertrages für das Arbeitsrecht werden wir uns mit einzelnen Rechten und Pflichten der Vertragsparteien an dieser Stelle nicht befassen. Sie sind in meinem Grundriß über das »Arbeitsrecht«[115] nachzulesen.

II. Werkvertrag

1. Begriff und Wesen

Das Wesen des Werkvertrages hatten wir uns soeben bei der Abgrenzung zum Dienstvertrag verdeutlicht: Gem. § 631 Abs. 1 wird der Unternehmer zu einer Tätigkeit verpflichtet, und er schuldet als Erfolg dieser Tätigkeit das »Werk«; der Besteller muß dafür die vereinbarte

114 Könnte ein Rechtsanwalt für den Erfolg seiner Tätigkeit »garantieren«, bräuchten wir keine Gerichte mehr . . .!

115 vgl. meine »Grundzüge . . .« Band V, S. 51 ff. u. 82 ff.

Vergütung zahlen. Diese Verpflichtungen von Unternehmer und Besteller stehen in einem engen Gegenseitigkeitsverhältnis. Der Werkvertrag ist ebenfalls ein gegenseitiger Vertrag.

2. Rechte und Pflichten der Vertragsparteien

Einige Vorschriften des Werkvertragsrechts und Rechte und Pflichten der Vertragsparteien wollen wir anhand eines Übungsfalles betrachten und uns wieder an die gutachtliche Denkweise erinnern!

Übungsfall 7

Boris Beckmann (B) hat sein Fernsehgerät zur Reparatur in die Werkstatt des Unternehmers Udo Unsinn (U) gegeben. U liefert das Gerät in der Wohnung des B ab. Die 10-jährige Steffi, Tochter des B, nimmt das Gerät entgegen. B stellt am Abend fest, daß der Apparat, wie zuvor auch, zwar ein schönes Bild, aber keinen Ton von sich gibt. Deshalb bezahlt er die beigefügte Rechnung über 150,– DM nicht. Er verlangt von U, daß dieser das Gerät zunächst einwandfrei ausbessere. U verweigert dies mit der Begründung, B solle erst die Hälfte des Rechnungsbetrages bezahlen.

Ist das Verlangen des U begründet?[116]

Wenn Sie sich im Werkvertragsrecht schon auskennen würden, könnten Sie ein Gutachten zu diesem Fall mit folgendem Satz beginnen:

»U könnte gegenüber B einen Anspruch auf Bezahlung des halben Rechnungsbetrages gem. § 631 Abs. 1 i. V. m. §§ 632 Abs. 1 und 641 Abs. 1 haben!«

Lesen Sie diese drei Vorschriften nacheinander durch!

■ Welche Voraussetzung muß für diesen Anspruch zunächst erfüllt sein?

▷ »Voraussetzung ist, daß zwischen U und B ein wirksamer Vertrag im Sinne des § 631 zustandegekommen ist, aus dem B zur Zahlung verpflichtet ist.«

Indem B den Fernsehapparat zur Reparatur in die Werkstatt des U gegeben hat, hat er den U beauftragt, ein Werk, nämlich den reparierten Fernseher, herzustellen (§ 631 Abs. 1). U hat diesen Auftrag durch Vornahme der Reparatur auch ausgeführt, so daß ein wirksamer Werkvertrag vorliegt. Gem. § 631 Abs. 1 ist B grundsätzlich zur Entrichtung der vereinbarten Vergütung verpflichtet.

116 Fall nach *Hartwig*, S. 52

Ob U und B eine Vergütung vereinbart haben, ist nicht ersichtlich; sie gilt aber gem. § 632 Abs. 1 als stillschweigend vereinbart, wenn die Herstellung des Werkes den Umständen nach nur gegen Vergütung zu erwarten ist (§ 632 Abs. 1 lesen!). Dabei kommt es nicht auf subjektive Vorstellungen des Bestellers an, sondern auf eine objektive Betrachtungsweise.

■ Wie ist der Fall bis hierher zu lösen? (Formulieren Sie zuerst wieder selbst!)

▷ »Da es »normalen« Umständen entspricht, daß die Reparatur eines Fernsehgerätes nur gegen Zahlung einer Vergütung vorgenommen wird, gilt diese zumindest als stillschweigend vereinbart. Der vorliegende Fall gibt keinen Anlaß zu Zweifeln, daß es sich bei der Höhe der Vergütung von 150,– DM um einen üblichen Preis handelt« (vgl. § 632 Abs. 2 – lesen!).

§ 632 wollen wir uns zwischendurch genauer ansehen!

Während § 632 Abs. 1 regelt, ob überhaupt eine Vergütung zu zahlen ist, wenn die Parteien darüber nichts vereinbart haben, bestimmt § 632 Abs. 2, wieviel der Besteller beim Fehlen einer Vereinbarung über die Höhe der Vergütung zu zahlen hat. Das ist die übliche Durchschnittsvergütung.

Besteht eine Taxe, ist die taxmäßige Vergütung als vereinbart anzusehen.

■ Was versteht man unter einer Taxe?

▷ Einen unter behördlicher Mitwirkung festgelegten Vergütungssatz, vor allem für gewerbliche Leistungen (z. B. im Bereich der Personenbeförderung und im Schornsteinfegerwesen). Taxen regeln auch die Gebührenordnung für Ärzte (GOÄ) und die Bundesrechtsanwaltsgebührenordnung (BRAGO). Für einige Berufe sind Gebührenordnungen von den jeweiligen Berufsverbänden (also nicht »behördlich« festgelegt) erarbeitet worden, deren Sätze als Maßstab für die übliche Vergütung gelten. Hierzu gehören z. B. die Gebührenordnung für Architekten (GOA) sowie die Gebührenordnung für die Ingenieure (GOI).

Zurück zum Fall: Nachdem wir festgestellt haben, daß eine Vergütungspflicht für B besteht, müssen wir prüfen, ob die Vergütung auch fällig ist. Mangels einer entsprechenden vertraglichen Vereinbarung gilt § 641 Abs. 1 (lesen und »Abnahme« unterstreichen!).

In einem Gutachten könnte man folgendermaßen fortfahren: »Gem. § 641 Abs. 1 wird die Vergütung bei der Abnahme des Werkes fällig. Im vorliegenden Fall hat B den reparierten Fernseher jedoch nicht abgenommen. Zwar hat seine 10-jährige Tochter das Gerät entgegengenommen, doch kann darin nicht eine rechtlich bedeutsame konkludente Abnahme durch B zu sehen sein«.

■ Warum nicht? Was wäre Voraussetzung, damit die Tochter des B eine wirksame Abnahmeerklärung abgeben könnte?

Man könnte daran denken, daß die Tochter als Vertreterin des B die Abnahmeerklärung abgegeben hat mit der Folge, daß sie über § 164 Abs. 1 auch gegen B wirkt; doch ist im vorliegenden Fall kein Anlaß ersichtlich, Vertretungsmacht anzunehmen, so daß allenfalls eine Genehmigung des B i. S. d. § 177 die Abnahmeerklärung der Tochter hätte wirksam werden lassen können.

▷ »Da B seine Tochter zu der Abnahme nicht ermächtigt hatte – in diesem Falle wäre die Willenserklärung der beschränkt geschäftsfähigen (§ 106) Tochter gem. §§ 164 Abs. 1, 165 wirksam – liegt keine Abnahmeerklärung vor. B gibt vielmehr klar zu erkennen, daß er zur Abnahme nicht bereit ist«. –

Unter Abnahme im Sinne des § 640, die neben der Vergütungspflicht vertragliche Hauptpflicht des Bestellers beim Werkvertrag ist, ist zweierlei zu verstehen: Zum einen ist die Abnahme die körperliche Entgegennahme des hergestellten Werkes[117], soweit technisch möglich, zum anderen die Billigung des Werkes als vertragsgemäße Leistung (§ 640 Abs. 1 lesen).

»Da die Abnahme fehlt, ist die Vergütung allein durch die Ablieferung des Fernsehgerätes in der Wohnung des B nicht fällig geworden ist, sofern nicht B zu diesem Zeitpunkt zur Abnahme gem. § 640 verpflichtet war«.

■ Was ist nach § 640 Voraussetzung, damit B zur Abnahme verpflichtet wäre?

▷ Die vertragsgemäße Ausführung des Werkes!

»Das wäre der Fall, wenn U dem B ein vertragsgemäß[118] hergestelltes Werk bzw. das gem. § 631 Abs. 1 versprochene Werk hergestellt hätte.

Gem. § 633 Abs. 1 muß das Werk so beschaffen sein, daß es die zugesicherten Eigenschaften hat und nicht mit Fehlern behaftet ist, die den Wert oder die Tauglichkeit zu dem gewöhnlichen oder nach dem

117 *Palandt/Thomas*, § 640, Rdnr. 2

118 Unterstreichen Sie das Wort »vertragsgemäß« in Ihrem Gesetzestext!

Vertrag vorausgesetzten Gebrauch aufheben oder mindern« – (§ 633 Abs. 1 lesen!).

■ Woran erinnert diese Formulierung?

▷ An § 459 Abs. 1[119]. Der Unterschied zum Kaufrecht liegt vor allem in der gesetzlichen Rechtsfolge: Während im Kaufrecht sofort Wandelung oder Minderung oder Schadensersatz wegen Nichterfüllung verlangt werden können, kann der Besteller beim Werkvertrag zunächst nur Nachbesserung gem. § 633 Abs. 2 (lesen) fordern.

■ Was ist der Sinn dieser Regelung?

▷ Das Nachbesserungsrecht beruht auf der sinnvollen Überlegung, daß der Unternehmer, der das Werk hergestellt hat, in der Regel auch in der Lage sein wird, den Mangel zu beseitigen, während ein Verkäufer die dazu erforderlichen Fachkenntnisse regelmäßig nicht besitzt.

In einem Gutachten könnten wir folgendermaßen fortfahren:

»Da der von U gelieferte Fernsehapparat nach wie vor ohne Ton läuft, liegt ein Fehler vor. Die Ist-Beschaffenheit des gelieferten Gerätes (mit Bild, aber ohne Ton) weicht negativ von der vertraglich vorausgesetzten Soll-Beschaffenheit (= Bild und Ton) ab. U muß gem. § 633 Abs. 2 S. 1 zunächst den Mangel beseitigen, bevor B zur Abnahme verpflichtet ist und die Vergütung fällig wird.

Daß U bereits Arbeit und Material investiert hat, begründet nicht etwa einen Anspruch des U auf Teilzahlung gem. § 641 Abs. 1 S. 2 (lesen!). Die berücksichtigte Möglichkeit einer Teilabnahme und Bezahlung der abgenommenen Teile ist keine Teilzahlung, sondern volle Bezahlung der bisher abgenommenen Teile[120]. U hat keinen Anspruch auf Zahlung des halben Rechnungsbetrages«.

3. Werklieferungsvertrag

Lesen Sie § 651 Abs. 1, ohne den dortigen Paragraphenverweisungen nachzugehen – lesen Sie diesen Absatz in gleicher Weise ruhig zweimal!

Der Werklieferungsvertrag bildet eine Sonderform des Werkvertrages, besser: eine Mischung aus Kauf- und Werkvertrag, bei dem sich der Unternehmer verpflichtet, das Werk aus einem von ihm zu beschaffenden Stoff herzustellen. Auf diesen Vertrag finden, sofern eine

119 *vgl. dazu oben, S. 10 f.*
120 *Hartwig*, S. 54

vertretbare Sache (vgl. § 91 – lesen!) geschuldet wird, die Vorschriften des Kaufrechts (entsprechende) Anwendung. Sind unvertretbare Sachen herzustellen, gilt teilweise Kaufrecht, für die Herstellungs- und Abnahmepflicht sowie für die Gewährleistungsansprüche dagegen Werkvertragsrecht[121] (mit Ausnahme der §§ 647, 648, die Sie nicht lesen müssen!).

Zur Abgrenzung ein Schul*beispiel:*

Sie bringen Ihrem Schneider (was heute zugegebenermaßen relativ selten vorkommt) Stoff, aus dem er Ihnen einen Anzug schneidern soll: Werkvertrag! Sie bestellen beim Schneider einen Maßanzug, zu dem er auch den Stoff[122] mitliefert: Werklieferungsvertrag! Sie bestellen Ihren Anzug[123] per Modekatalog: Kaufvertrag! Ganz einfach oder?

III. Auftrag

In manchen Lehrbüchern und Grundrissen finden Sie die Reihenfolge der »Besonderen Schuldverhältnisse«, wie sie im BGB erscheinen, genau eingehalten: Im Anschluß an den Werklieferungsvertrag wird im BGB in den §§ 651 a–k der Reisevertrag, in den § 652–656 der Maklervertrag und sodann (§§ 657–661) die Auslobung geregelt. Ich stelle den Auftrag (§§ 662–676) voran, da er in gewisser Weise ein »Verwandter« von Dienst- und Werkvertrag ist.

1. Wesen

Lesen Sie § 662.

Der Auftrag im Sinne des § 662 hat eine »unentgeltliche Geschäftsbesorgung« zum Inhalt. Wegen des unentgeltlichen Tätigwerdens des Beauftragten ist der Auftrag kein »gegenseitiger«, sondern ein »unvollkommen zweiseitig verpflichtender« Vertrag[124]. Der Begriff der »Geschäftsbesorgung« umfaßt jede – selbständige oder unselbständige so-

121 vgl. *Creifelds*, S. 1380

122 **»Stoff« im Sinne des Gesetzes (§ 651 Abs. 1) muß nicht immer Textilstoff sein!**

123 *Pardon, liebe Leserin! »Anzug« im Sinne dieser Zeilen kann auch ein Kostüm sein!*

124 **»Vertrag«, weil der Auftrag (anders als z. B. die Vollmachtserteilung i. S. v. § 167) der Annahme durch den Beauftragten bedarf!**

wie wirtschaftliche oder nicht wirtschaftliche – Tätigkeit in fremdem Interesse.

Die wichtigsten Vorschriften des Auftragsrechts wollen wir uns anhand eines Fallbeispieles ansehen.

2. Rechte und Pflichten der Vertragsparteien

Übungsfall 8

Adelheid Schulze hat von ihrem verstorbenen Mann ein kleineres Aktienpaket geerbt. Da ihr das ständige Auf und Ab der Kurse zu aufregend ist, bittet sie Anton Fuchs, einen in kaufmännischen Dingen erfahrenen Freund der Familie, die Aktien nach und nach zu günstigen Zeitpunkten zu verkaufen und an deren Stelle Goldmünzen oder festverzinsliche Wertpapiere für sie anzuschaffen. Fuchs erklärt sich zu diesem Freundschaftsdienst bereit und erledigt die Transaktion zur Zufriedenheit von Adelheid Schulze. Er rechnet ordnungsgemäß ab, übergibt ihr den Depotauszug der Bank über die festverzinslichen Wertpapiere und händigt ihr insgesamt 30 Goldmünzen aus. Außerdem bittet er sie um einen Betrag von 2 000,– DM, die er teilweise für Börsenumsatzsteuer, teils für Fahrtkosten zu Banken und Münzhändlern aufgewandt hat. Außerdem, so sagt er, halte er ein Honorar von weiteren 2 000,– DM für seine Bemühungen für angemessen.

Adelheid (A) ist über diese Art Freundschaftsdienst empört und meint, sie sei dem Fuchs (F) nichts schuldig. Welchen Anspruch hat F?

■ Wovon hängt es ab, ob A dem F das Honorar zahlen muß oder nicht?

▷ Das hängt davon ab, ob A dem F einen unentgeltlichen Auftrag im Sinne von § 662 erteilt oder mit ihm einen Dienstvertrag im Sinne des § 611 abgeschlossen hat.

Läge ein Dienstvertrag vor, bei dem der Verpflichtete, wie Sie wissen, im Gegensatz zum Werkvertrag nur ein reines Tätigwerden schuldet, wäre A zu einer Entrichtung der Vergütung verpflichtet (§ 611 Abs. 1 – lesen!).

■ Zwischenfrage: Wie würden Sie nach dem, was Sie bisher über das Wesen dieser Vertragstypen gehört haben, Dienstvertrag und Werkvertrag vom Auftrag abgrenzen? (Überlegen Sie, machen Sie sich eine kleine Skizze, bevor Sie weiterlesen!)

▷ 1. Dienst- und Werkvertrag liegen vor bei entgeltlicher Tätigkeit, Auftrag bei unentgeltlichem Tätigwerden für einen anderen.

2. Der Dienstvertrag unterscheidet sich vom Werkvertrag dadurch, daß bei ihm lediglich die Dienstleistung, die Tätigkeit als solche, beim Werkvertrag jedoch ein Ergebnis bzw. ein Erfolg der Tätigkeit geschuldet wird. Dasselbe gilt auch für den Auftrag.

Zurück zum Fall:

■ Handelt es sich bei dem Vertrag zwischen A und F um einen Auftrag oder einen Dienstvertrag?

▷ Um einen Auftrag; denn aus der Formulierung, daß A den F um einen »Freundschaftsdienst« bat und dieser sich dazu bereit erklärte, geht hervor, daß er die Geschäftsbesorgung für A unentgeltlich vornehmen sollte. Auf das zwischen A und F bestehende Schuldverhältnis sind die §§ 662 ff. direkt anwendbar.

Daraus ergeben sich für den *Beauftragten* insbesondere folgende *Pflichten:*

(1) Gem. § 666 hat er den Auftraggeber über die ordnungsgemäße Ausführung des Auftrages zu informieren und ihm nach der Ausführung des Auftrages Rechenschaft abzulegen (§ 666 lesen).

■ Hat F dies im vorliegenden Fall getan? (Nachdenken, dann lesen.)

▷ Da er ordnungsgemäß abgerechnet hat, hat er diese Pflicht erfüllt.

(2) Außerdem hat F der A die Depotauszüge über die festverzinslichen Wertpapiere sowie 30 Goldmünzen ausgehändigt.

Damit hat F eine weitere Pflicht des Beauftragten, nämlich die aus § 667 folgende Herausgabepflicht, erfüllt (§ 667 lesen).

Die *Rechte* des *Beauftragten* ergeben sich aus den *Pflichten* des *Auftraggebers:*

■ Hat F ein Recht, von A für seine Dienste ein Honorar zu verlangen? (Überlegen Sie!)

▷ Der Beauftragte muß die Geschäfte für A nach § 662 unentgeltlich besorgen. Insofern hat die A in unserem Fall recht! F kann kein Honorar verlangen.

■ Wie steht es mit den Aufwendungen, die F für die Börsenumsatzsteuer und für die Fahrtkosten gemacht hat? Diese Frage können Sie mit einem kurzen Blick ins Gesetz selbst beantworten! (Überfliegen Sie §§ 662 ff.!)

▷ Der Anspruch von F gegen A auf Ersatz der Aufwendungen ist gem. § 670 (lesen!) begründet. Nach dieser Vorschrift kann der Beauftragte vom Auftraggeber Ersatz der Aufwendungen verlangen, die er zum Zwecke der Durchführung des Auftrages gemacht hat. Gem. § 669 hätte er sogar einen Vorschuß von A verlangen können (§ 669 lesen!).

■ Wie sieht es aus, wenn Fuchs in unserem Fall merkt, daß die Übernahme des Auftrages mit Arbeit verbunden ist und er keine Lust mehr hat? Kann F die Ausführung des Auftrages einfach ablehnen oder kann A auf der Ausführung bestehen? Welche Vorschrift des Gesetzes gibt hierüber Auskunft? (Suchen!)

▷ Wenn Sie im Gesetzestext gesucht haben, haben Sie § 671 Abs. 1 gefunden (– lesen, falls noch nicht geschehen!).

Danach kann der Beauftragte den Auftrag jederzeit kündigen; ebenso kann umgekehrt der Auftraggeber ihn jederzeit widerrufen. Allerdings ist der Auftraggeber gem. § 671 Abs. 2 im Falle einer »unzeitigen Kündigung«, die nicht aus wichtigem Grund erfolgt, gegen einen eventuell entstehenden Schaden geschützt, da der Beauftragte diesen Schaden ersetzen muß (§ 671 Abs. 2 lesen). Ein wichtiger Grund kann z. B. vorliegen, weil das notwendige Vertrauensverhältnis mit dem Auftraggeber erschüttert ist.

Wie alle bisher erwähnten unentgeltlichen Verträge ist der Auftrag in unserem vom wirtschaftlichen Profitdenken geprägten Gesellschaftssystem[125] von relativ geringer praktischer Bedeutung[126]. Regelungen des Auftragsrechts finden allerdings Anwendung auf den wirtschaftlich sehr bedeutsamen Geschäftsbesorgungsvertrag i. S. v. § 675 (lesen).

Typisch für den »entgeltlichen Geschäftsbesorgungsvertrag« sind selbständige Tätigkeiten wirtschaftlicher, insbesondere vermögensbezogener Art im Interesse eines anderen, z. B. Anlageberatung, Vermögensverwaltung, Tätigkeiten von Steuerberatern und Wirtschaftsprüfern, Rechtsberatung und Prozeßführung des Rechtsanwaltes.

(Nicht: Arztvertrag, da nicht wirtschaftlicher oder vermögensbezogener Art![127]) Einen zusammenfassenden Überblick über die bisher behandelten »Dienstleistungsverträge« gibt Übersicht 7 (Teil 1).

125 vgl. Fn. 92

126 so auch *Brox*, Bes. SchR., Rdnr. 292

127 Jedenfalls von seiner ursprünglichen Zielsetzung her! »In der Praxis« sieht das bisweilen anders aus.

Übersicht 7 (Teil 1):

Dienstleistungsverträge und ähnliche Verträge

I. Dienstvertrag (§§ 611-630)

1. *Wesen des Dienstvertrages:* – Leistung versprochener Dienste jeder Art und Vergütung (§ 611) – Geschuldet wird in erster Linie ein Tätigwerden, nicht der Erfolg einer Tätigkeit – Gegenseitiger Vertrag	2. *Beispiele:* Ärztliche Behandlung (Regelfall); Rechtsanwaltstätigkeit; Nachhilfestunden von Lehrern; Architekt als Bauleiter; Gutsverwaltung; Arbeitsvertrag (siehe ausführlich im »Arbeitsrecht«*)

II. Werkvertrag (§§ 631-650)

1. *Wesen*
   - Unternehmer schuldet Herstellung eines versprochenen Werkes (§ 631 Abs. 1) oder Dienste mit Herbeiführung eines Erfolges (§ 631 Abs. 2 = Unterschied zu Dienstvertrag!) gegen Vergütung (§ 632)
   - Gegenseitiger Vertrag

2. *Rechte und Pfiichten von Hersteller und Besteller*
   a) *Pflichten des Herstellers* (= Rechte/Ansprüche des Bestellers)
   - Herstellung eines mangelfreien Werkes (Erfolges) – § 631 Abs. 1
   - Bei Mangel: Mängelbeseitigung bzw. Nachbesserung (§ 633 Abs. 2) innerhalb angemessener Frist (§ 634 Abs. 1)
   - Nach Fristablauf ggf. Einverständnis zur Wandelung oder Minderung (§ 634 Abs. 1 u. 4 i. V. m. §§ 465–467, 469–475) oder Schadensersatz wegen Nichterfüllung (§ 635)

   b) *Pflichten des Bestellers* (= Rechte/Ansprüche des Herstellers)
   - Abnahme des vertragsmäßigen Werkes (§ 640 Abs. 1)
   - Entrichtung der vereinbarten Vergütung bei Fälligkeit (= Abnahme – §§ 631 Abs. 1, 632 Abs. 2 i. V. m. 641 –)

3. *Haftung für Gewährleistung* ist abdingbar (arg. aus § 637) und unterliegt der kurzen Verjährung (§ 638)

* Bd. V *dieser* »Grundzüge«

Übersicht 7 (Teil 1) Fortsetzung:

Dienstleistungsverträge und ähnliche Verträge

4. *Prüfungsschema Gewährleistungsansprüche* – (vgl. dazu ausführlich die Übersichten zum Kaufrecht)[128]

a) *Gewährleistungsgrund:*
Wirksamer Werkvertrag / Fehler am Werk oder Fehlen zugesicherter Eigenschaft / Nachbesserung (§ 633) nicht möglich oder Fristen gem. § 634 Abs. 1 abgelaufen.

b) *Kein Ausschluß der Gewährleistung:*
Vertraglich / Gesetzlich: §§ 634 Abs. 3, 640 Abs. 2, 634 Abs. 4 i. V. m. 467, 351

c) *Wirksame Ausübung:* § 634 Abs. 4 i. V. m. §§ 465–467; 469–475

d) *Rechtsfolge:*
Herabsetzung der Vergütung (Minderung) oder Rückgängigmachung des Vertrages (Wandelung) und Rückgewähr der Leistungen oder – wenn Fehler von Hersteller verschuldet (§ 635) – Schadensersatz wegen Nichterfüllung.

5. *Sonderform »Werklieferungsvertrag« – § 651*

Unterscheidet sich vom Werkvertrag dadurch, daß beim Werkvertrag der Unternehmer nur seine Arbeitskraft zur Herbeiführung eines Erfolges bereitstellt, während beim Werklieferungsvertrag neben der Arbeitskraft auch das Material (Stoff) für die Herstellung geliefert wird.
(Bsp.: Kunde liefert Schneider Stoff zur Anzugherstellung = Werkvertrag; Schneider liefert Stoff und Anzug = Werklieferungsvertrag)
Unvertretbare Sachen → Werkvertragsrecht
Vertretbare Sachen → Kaufvertragsrecht

128 vgl. oben Übersichten 1 und 2

Übersicht 7 (Teil 1) Fortsetzung:

Dienstleistungsverträge und ähnliche Verträge

III. Auftrag

1. *Gesetzliche Regelung: §§ 662–676*
   – Wesen des Auftrags (§ 662): Unentgeltliche Geschäftsbesorgung durch Beauftragten für Auftraggeber (selbständige oder unselbständige, wirtschaftliche oder nichtwirtschaftliche Tätigkeit).

2. *Rechte und Pflichten der Vertragsparteien*

Rechte des Beauftragten
↓
– Vorschuß: § 669
– Aufwendungsersatz: § 670
– Kündigung: § 671

Pflichten des Beauftragten
↓
– Ordnungsgemäße Ausführung
– Auskunfts- und Rechenschaftspflicht: § 666
– Herausgabe des Erlangten: § 667

Pflichten des Auftraggebers
↓
– folgen aus den Rechten des Beauftragten

Rechte des Auftraggebers
↓
– Widerruf (§ 671)
– bei Sorgfaltspflichverletzung durch Beauftragten: ggf. p.V.V.

3. *Auftrag und Vollmacht (rechtsgeschäftliche Vertretungsmacht)*
   Die einseitig zu erteilende Vollmacht (§ 166 Abs. 2 S. 1) ist streng von dem ihr zugrunde liegenden Rechtsverhältnis – z.B. dem Auftrag(svertrag) – zu unterscheiden. Der Auftrag betrifft das Innenverhältnis zwischen Auftraggeber und Auftragnehmer, die Vollmacht dagegen das Außenverhältnis zu einem Dritten. Einer Vollmacht liegt bei Unentgeltlichkeit i.d.R. ein Auftrag zugrunde, während der Auftrag nicht ohne weiteres mit einer Vollmachterteilung verbunden ist (auch »Bote« mit Auftrag)!

Übersicht 7 (Teil 1) Fortsetzung:

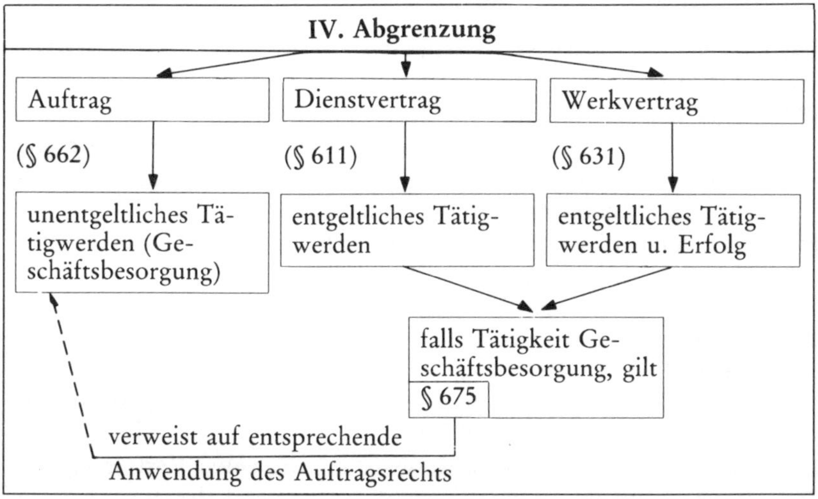

IV. Reisevertrag

1. Zweck des Reisevertragsrechts

Die gesetzliche Regelung dieses modernen Vertragstypes befindet sich, wie bereits angedeutet, in den §§ 651 a–k. Es handelt sich um Vorschriften, die erst sehr spät in das BGB (wann trat das BGB in Kraft?[129]) aufgenommen wurden. Diese Vorschriften schienen dem Gesetzgeber angesichts des sich in neuerer Zeit immer mehr ausweitenden Massen- und Pauschalreiseverkehrs notwendig. Die Bestimmungen des §§ 651 a–k, die ursprünglich als eigenes Reisevertragsgesetz geplant waren, wurden am 4. 5. 1979 in reduzierter Form in das BGB mit Wirkung vom 1. 10. 1979 eingefügt und sollen die Rechtsstellung des Reiseteilnehmers an einer sogenannten Pauschalreise verbessern.[130] Wie das AGB-Gesetz und das VerbrKrG hat auch das Reisevertragsrecht den Zweck, den einzelnen Verbraucher besser zu schützen.

129 am 1. 1. 1900

130 Berechtigte Kritik daran, daß das ohnehin schon dickleibige BGB um diese Vorschriften erweitert wurde, äußert Beuthien, a. a. O., Anm. 4 vor § 651 a)

2. Rechte und Pflichten der Vertragsparteien/Wesen des Reisevertrages

Die Parteien des Reisevertrages sind der Reiseveranstalter und der Reisende. Lesen Sie § 651 a Abs. 1.

■ Welches sind die Pflichten der Vertragsparteien?

▷ Der Reiseveranstalter ist zur Erbringung einer Gesamtheit von Reiseleistungen (Reise) verpflichtet, während der Reisende dafür den vereinbarten Reisepreis bezahlen muß.

■ Um welche Art Vertrag handelt es sich im Hinblick auf die Verpflichtungen der Parteien?

▷ Um einen gegenseitigen Vertrag.

■ Was bedeutet das für eventuelle Leistungsstörungen des Vertrages?

▷ Sofern nicht Sondervorschriften in den §§ 651 a–k enthalten sind, gelten bei Leistungsstörungen neben den allgemeinen Vorschriften der §§ 275 ff. auch die §§ 320 ff.!

Inhaltlich handelt es sich beim Reisevertrag um einen Vertrag eigener Art, der dem Werkvertrag nahesteht. Gegenstand des Vertrages ist, wie wir eben gelesen haben, die Erbringung einer »Gesamtheit von Reiseleistungen«.

■ Was versteht man darunter? (Lassen Sie Ihre Urlaubsphantasie spielen!)

▷ Beförderung, Unterkunft und Verpflegung, gegebenenfalls noch weitere Zusatzleistungen.

■ Ist das Reisevertragsrecht anwendbar, wenn Sie in ein Reisebüro gehen, um sich ein Flugticket für einen Hin- und Rückflug nach Teneriffa zu kaufen? (Überlegen Sie, bevor Sie weiterlesen!)

▷ Da keine »Gesamtheit von Leistungen« geschuldet wird, sondern lediglich das Ticket, das zum Flug berechtigt, liegt ein einfacher Kaufvertrag vor.

3. Schutzvorschriften für den Reisenden

Wenn bei einer sog. Pauschalreise eine Gesamtheit von Reiseleistungen angeboten wird, kann der Veranstalter sich nicht darauf berufen, nur Vermittler einzelner Reiseleistungen zu sein. Er kann den Reisenden nicht auf die jeweiligen Leistungsträger, z. B. die Fluggesellschaft oder das Hotel verweisen, falls etwas nicht in Ordnung ist. Das ergibt sich aus § 651 a Abs. 2 (lesen).

Eine wichtige Vorschrift zum Schutze des Reisenden, die an das Widerrufsrecht des Verbrauchers erinnert, ist auch § 651 i Abs. 1 (lesen!): Bis zu Beginn der Reise kann der Reisende jederzeit vom Vertrag zurücktreten. Außerdem kann er gem. § 651 b Abs. 1 an seiner Stelle einen anderen an der Reise teilnehmen lassen. Im Falle des Rücktritts gelten nicht die allgemeinen Vorschriften über den Rücktritt vom Vertrag (welche sind das?[131]), sondern es gilt § 651 i Abs. 2 (lesen!). Danach verliert der Reiseveranstalter den Anspruch auf den vereinbarten Reisepreis, kann aber stattdessen eine angemessene Entschädigung verlangen, die auf einen Prozentsatz des Reisepreises festgesetzt werden kann. Im Falle »höherer Gewalt« sind gem. § 651 j Abs. 1 (lesen!) beide Vertragsteile zur Kündigung berechtigt. Unter den Begriff »höhere Gewalt« fallen von außen auftretende, unabwendbare Ereignisse, die weder in der Sphäre bzw. dem Risikobereich des Veranstalters noch in der des Reisenden ihren Ursprung haben.[132]

(*Beispiele:* Hotel ist abgebrannt oder im Reiseland sind kriegerische Unruhen oder Seuchen ausgebrochen.) Sofern eine Reise vom Reisenden wegen Todes, Unfalls oder Krankheit nicht angetreten werden kann, sind die geschuldeten Rücktrittskosten sowie entstehende Reisekosten häufig im Rahmen einer »Reise-Rücktrittskosten-Versicherung« gedeckt.

4. Rechtsfolgen bei Schlechterfüllung

Besondere Vorschriften enthält das Reisevertragsrecht für den Fall der Schlechterfüllung i. S. d. § 651 c Abs. 1 (lesen!).

■ Wann liegt nach dieser Vorschrift Schlechterfüllung vor?

▷ Wenn der Reise, also dem Vertragsgegenstand, zugesicherte Eigenschaften fehlen oder sie mit Fehlern behaftet ist; Formulierungen, die wir aus dem Kauf-, Miet- und Werkvertrag bereits kennen.

■ Finden Sie selbst Beispiele für typische Fehler einer Reise! Was kommt in Betracht?

131 §§ 346 ff.!
132 vgl. *Larenz*, SchR II, 1

▷ Ausbleiben der Verpflegung an mehreren Tagen; Unbewohnbarkeit der Unterkunft wegen Ungeziefers; Auslassung wichtiger Zielpunkte einer Kreuzfahrt; Unterbringung in einem anderen als dem gebuchten Hotel; Hotel liegt an stark befahrener Verkehrsstraße statt wie vorgesehen am Waldrand usw.

Die Rechte des Reisenden bestimmen sich nach den §§ 651 c Abs. 2, 651 d, 651 e Abs. 1 und 651 f. Wenn Sie die genannten Vorschriften gelesen haben, werden Sie feststellen, daß es im wesentlichen vier Rechte sind, die dem Reisenden bei Schlechterfüllung zustehen: »Abhilfe« (vgl. Parallele zum Werkvertragsrecht: Nachbesserung!), »Minderung« (Berechnung erfolgt nach § 472[133]), »Kündigung« (vgl. Wandelungsrecht beim Kaufvertrag) und Schadensersatz wegen Nichterfüllung (vgl. Kauf- und Werkvertragsrecht).

Besondere Bedeutung kommt § 651 f Abs. 2 zu (lesen!). Danach kann der Reisende auch eine angemessene Entschädigung in Geld wegen nutzlos aufgewendeter Urlaubszeit verlangen, wenn die Reise vereitelt oder erheblich beeinträchtigt wird.

Aus dieser Formulierung ergibt sich, daß dem Reisenden auch sog. »Mangelfolgeschäden« ersetzt werden müssen.

Dieser kurze Überblick über die wichtigsten Vorschriften des Reisevertragsrechts soll genügen und abschließend mit einigen *Beispielen*[134] für »Reisemängel« aus der »Pauschalreise-Rechtsprechung« garniert werden:

– *Ameisen*

Keinen Mangel stellt es dar, wenn ein Reisender beim Aufschneiden eines Brotes eine lebende Ameise findet. (AG Mönchengladbach, 5a C 706/88)

– *Baulärm*

Erhebliche Lärmbelästigung durch Baustellen in unmittelbarer Nähe des gebuchten Bungalows, die ein längeres Schlafen als bis 7 Uhr nicht möglich werden läßt, rechtfertigt eine anteilige Minderung für die Tage, an denen gebaut wurde, von 30 Prozent des Reisepreises. (AG Warstein, 3 C 51/88)

– *Doppelzimmer*

Bucht ein Reisender ein Doppelzimmer, erhält er jedoch am Urlaubsort nur ein Einzelzimmer mit Zusatzbett, so hat er Minderungsansprüche in Höhe von 25 Prozent des Reisepreises. (AG Frankfurt, 30 C 4403/84-45)

133 vgl. oben S. 17 f.

134 Entnommen aus der Zeitschrift *ADAC-Motorwelt* 7/93, S. 76 f.

– *Einfach primitiv*
Das Wort »einfach« in einem Werbeprospekt ist äußerst auffallend und muß daher reduzierend gelesen werden. Daher besteht für primitive Hotelausstattung kein Minderungsanspruch. (AG München, 2 C 10284/80)

– *Fortuna-Reise*
Bucht der Reisende eine sogenannte Fortuna-Reise, so läßt er sich auf das Risiko ein, in einem weniger bevorzugten und möglicherweise sehr einfachen Hotel untergebracht zu werden. (AG Frankfurt 2/24 S 306/83)

– *Glockengeläut*
Wer seinen Urlaub in einem kleinen alten spanischen Fischerdorf bucht, muß damit rechnen, daß sich dort auch eine Kirche befindet, deren Uhr durch Glockengeläut die Zeit verkündet. (AG Frankfurt, 30 C 302/84-45)

– *Halb-Doppelzimmer*
Bucht der Reisende eine Reise mit Unterbringung in einem Doppelzimmer, das er zusammen mit einer anderen, ihm unbekannten Person teilen muß, so liegt kein Reisemangel darin, daß diese Person ein eigenartiges Verhalten an den Tag legt, einen unangenehmen Körpergeruch aufweist und darüber hinaus nachts schnarcht. (AG Frankfurt, 30 C 10250/82)

– *Kakerlaken*
Der Reisende kann den Reisepreis um 100 Prozent mindern, wenn sich im Hotelzimmer ca. 10 Kakerlaken pro m^2 aufhalten, nachdem die Beleuchtung eingeschaltet wurde. Das heißt, daß wegen der Lichtscheue dieser Tiere bei Dunkelheit noch mehr vorhanden sind. (LG Frankfurt, 2/24 S 475/87)

– *Lärm im Hotel*
Eine Lärmbeeinträchtigung durch andere Hotelgäste bis 5 Uhr morgens stellt keinen Reisemangel auf Mallorca dar. Das Gegenteil ist der Fall. Ein Reisender würde es als Mangel auffassen, wenn er in der Hauptreisezeit auf Mallorca in einem Touristenzentrum auf Nachtruhe stoßen würde. (AG Köln, 122 C 176/82)

– *Mäuse*
Es stellt keine wesentliche Beeinträchtigung dar, wenn während einer zweiwöchigen Urlaubsreise zwei Mäuse aus dem Garten durch die Terrassentür in den Speisesaal gelangen und dort von einem Gast erschlagen werden. (AG Frankfurt, 30/32/311 C 79/72)

– *Meerblick*
Wird in einem Pauschalreisevertrag Meerblick zugesagt, so besagt dies nicht, daß die Betrachtung des Meeres direkt und in geradem Winkel möglich sein muß. Auch der seitliche Meerblick vom Balkon des Hotelzimmers genügt dieser Zusicherung. (AG Frankfurt, 30 C 1208/85-69)

– *Reiseverzögerungen*
Zeitliche Verzögerungen bei der An- oder der Rückreise von 4 Stunden muß der Reisende noch hinnehmen. Der Anreise- wie der Rückreisetag ist durch die Belastungen der Fahrt ohnehin ausgefüllt und hat keinen besonderen Erholungswert. (AG Frankfurt, 30 C 10424/80)

– *Sexuelle Belästigung*
Wird eine weibliche Pauschalreisende im Einflußbereich des Hotels durch Hotelangestellte und/oder einheimische Besucher sexuell in aufdringlicher Weise ständig belästigt, so stellt dies einen Reisemangel dar, wenn der Hotelier nicht dagegen einschreitet. Der Reisenden kann nicht entgegengehalten werden, daß sie ein solches Verhalten provoziert hat, da fröhliches Verhalten und leichte Kleidung zum Urlaubsalltag gehören. (LG Frankfurt, 2/24 S 113/82)

– *Strand*
Ist der Strand vom Hotel 600 m weiter als im Prospekt zugesichert, so berechtigt dies nicht zur Minderung, da es unerheblich ist, ob man 10 Minuten oder 15 Minuten zum Strand geht (AG München, 151 C 33090/89). Der Reisende kann Minderung verlangen, wenn im Prospekt die Wegstecke zum Strand mit 850 bis 1.500 m angegeben ist, aber tatsächlich 3,5 km beträgt. Dabei ist es unbeachtlich, wenn der Veranstalter darauf hinweist, die angegebene Entfernung sei die Luftlinie, da man nicht davon ausgehen kann, der Reisende könne zum Strand fliegen. (AG München, 6 C 15778/79)

– *Verwirkung*
Rügt ein Reisender erst 3 Tage vor Ende der Reise mit einem Schreiben gegenüber der örtlichen Reiseleitung einzelne Reisemängel, so hat er seine reiseververtraglichen Gewährleistungsansprüche verwirkt. Es ist in hohem Maße treuwidrig, eventuell vorhandene Reisemängel während fast des gesamten Urlaubs hinzunehmen, um dann nach Reiseende finanzielle Ansprüche daraus herleiten zu können. (AG Frankfurt, 30 C 281/86-45)

– *Wasserknappheit*
Fällt während der gesamten Reisezeit zwischen 7 und 21 Uhr die Wasserversorgung aus, so daß es dem Reisenden nicht möglich ist, sich regelmäßig zu waschen und zu duschen und selbst Mahlzeiten zuzubereiten, ist hierfür eine Minderung des Reisepreises um ein Drittel angemessen. (AG München, 6 C 15458/80)

– *Zimmerzuteilung*
Ein Reisender kann Minderung verlangen, wenn er sein gebuchtes Hotelzimmer erst gegen 16 Uhr beziehen kann und daher einige Stunden in der Hotelhalle warten muß. Dies stellt insbesondere einen Mangel dar, wenn das Reiseprogramm bereits am Morgen beginnen sollte und dem Reisenden ein Tag Urlaub verlorengeht. (AG Frankfurt, 31 C 12064/74)

V. Maklervertrag

1. Wesen

Lesen Sie § 652 Abs. 1!
Ein Maklervertrag gem. § 652 liegt vor, wenn eine Partei (Auftraggeber) der anderen (Makler) für den Nachweis der Gelegenheit zum Ab-

schluß eines Vertrages oder für die Vermittlung eines Vertrages einen Maklerlohn verspricht. Dies kann gem. § 653 Abs. 1 (lesen!) auch stillschweigend geschehen.

Vom Dienst- und Werkvertrag unterscheidet sich der Maklervertrag dadurch, daß der Makler nicht zu einer Tätigkeit verpflichtet ist: Nur wenn er tätig wird und der Auftraggeber den vermittelten Vertrag schließt, besteht Anspruch auf Maklerlohn!

Andererseits ist auch der Auftraggeber nicht verpflichtet, den vom Makler angebotenen Vertrag mit dem Dritten abzuschließen: Nur wenn er es tut, muß er Maklerlohn zahlen!

Der Anspruch auf Maklerlohn in Form einer Provision oder Courtage setzt immer voraus, daß der in Aussicht genommene Vertrag, z. B. ein Grundstückskaufvertrag oder ein Versicherungsvertrag, tatsächlich abgeschlossen wurde, und zwar in Folge der Tätigkeit des Maklers. (In der Praxis kommt es an diesem Punkt häufig zu Meinungsverschiedenheiten, die vor Gericht geklärt werden müssen.)

2. Abgrenzung Makler – Vertreter

Wenn soeben von der Vermittlung z. B. eines Versicherungsvertrages durch einen Versicherungsmakler die Rede war, darf nicht versäumt werden, darauf hinzuweisen, daß dieser keinesfalls mit dem sog. Versicherungsagenten verwechselt werden darf, von dem schon im Rahmen der Eigenhaftung des Stellvertreters die Rede war.[135]

■ Was ist der Unterschied zwischen einem Versicherungsmakler und dem Versicherungsagenten[136]?

▷ Der Versicherungsagent ist »Vertreter« eines Versicherungsunternehmens!

Für seine Willenserklärung haftet grundsätzlich das vertretene Versicherungsunternehmen (Versicherer) nach den §§ 164 ff. BGB.

Der Versicherungsmakler dagegen ist weder Agent noch Gehilfe des Versicherers, sondern steht sozusagen in der Mitte zwischen diesem und dem Versicherungsnehmer. Der Makler kann gegenüber dem Versicherungsnehmer keine Willenserklärung abgeben, für die der Versicherer unter Umständen haftet; der Makler vermittelt, mit anderen

135 in meinen »Grundzügen« Bd. I, S. 200 ff.
136 vgl. § 43 VVG

Worten, nur die Möglichkeit zum Abschluß eines Versicherungsvertrages. Der Versicherungsmakler ist in der Regel selbständiger Versicherungskaufmann, den gegenüber dem Versicherer oder Versicherungsnehmer keine vertragliche Erfüllungspflicht trifft, sondern lediglich eine Bemühungspflicht. –

Nehmen Sie sich zur Wiederholung Übersicht 7 (Teil 2) vor, auf der ich Ihnen am Ende auch ganz kurz die »Auslobung« und die »Verwahrung« vorstelle.

Übersicht 7 (Teil 2):

Dienstleistungsverträge und ähnliche Verträge

IV. Reisevertrag

1. Gesetzliche Regelung: §§ 651 a–k

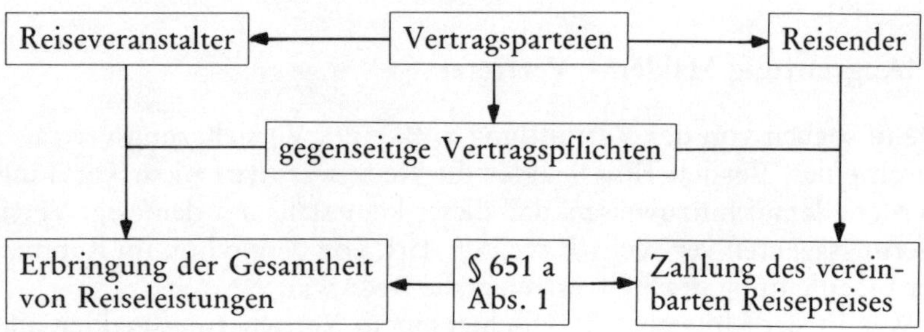

Übersicht 7 (Teil 2) Fortsetzung:

2. *Schutzvorschriften für den Reisenden*
   a) § 651 a Abs. 2: Keine Verweisung auf Leistungsträger von Teilleistungen = Gesamtverantwortlichkeit des Reiseveranstalters
   b) Besserstellung des Reisenden vor Reiseantritt

   – § 651 b → Ersetzungsbefugnis

   – § 651 i → Rücktrittsrecht

3. *Rechte des Reisenden bei Schlechtleistung*

– § 651 c → Abhilfe nach Fristsetzung

– § 651 d → Minderung ohne Fristsetzung (aber: Anzeigepflicht)

– § 651 e → Kündigung (in d. R. mit Fristsetzung)

– § 651 f → Schadensersatz
  – Voraussetzung: Mangel vom Reisenden zu vertreten
  – neben Minderung und Kündigung

(Nach § 651 f Abs. 2: Auch Ersatz des Mangelfolgeschadens!)

V. Maklervertrag

1. *Gesetzliche Regelung: §§ 652–656*

Makler | Vertragsparteien | Auftraggeber

Vertragsparteien → *keine gegenseitigen Pflichten!*

Makler → Nachweis der Gelegenheit zum Abschluß eines Vertrages (z. B. Grundstückskaufvertrag, Versicherungsvertrag)

Auftraggeber → *Muß* vermittelten Vertrag nicht abschließen! *Wenn* Vertragsabschluß aufgrund Nachweis durch Makler: Zahlung des Maklerlohns

2. *Makler* wird selbständig tätig = nicht »in Vertretung« dessen, für den er Vertragsabschluß vermittelt (= keine Erfüllungspflicht, sondern »Bemühungspflicht«)

3. *Abgrenzung Versicherungsmakler – Versicherungsagent*
   – Versicherungsagent (vgl. §§ 43 ff. VVG) wird als Vertreter eines Versicherungsunternehmens (»Versicherer«) tätig = Anwendung von §§ 164 ff. BGB = Versicherungsunternehmen haftet grundsätzlich für Erklärungen des »Versicherungsvertreters«.

Übersicht 7 (Teil 2) Fortsetzung:

Dienstleistungsverträge und ähnliche Verträge

VI. Auslobung

1. *Gesetzliche Regelung: §§ 657–661*
2. *Wesen (§ 657* – lesen!): »Bindendes Versprechen«, bei dem jemand »durch öffentliche Bekanntmachung eine Belohnung für die Vornahme einer Handlung, insbesondere für die Herbeiführung eines Erfolges aussetzt« = *Einseitig verpflichtendes Rechtsgeschäft* des Versprechenden!
   Beispiele: Belohnung für Aufklärung von Straftaten oder den Finder verlorener Sachen; auch bei einem Preisausschreiben handelt es sich um eine Art Auslobung i. S. v. § 657!

VII. Verwahrung (V.)

1. *Gesetzliche Regelung: §§ 688–700*
2. *Wesen (§ 688* – lesen): *Einseitige Verpflichtung* des Verwahrers, eine ihm vom Hinterleger übergebene Sache aufzubewahren. V. kann entgeltlich oder unentgeltlich sein (§ 689). Bei unentgeltlicher V. haftet Verwahrer nur für Sorgfalt, welche er in eigenen Angelegenheiten anzuwenden pflegt (§ 690; vgl. auch § 694). Ggf.: Aufwendungsersatz gem. § 693.

Literatur zur Vertiefung (3. Kapitel):

Brox	Bes. SchR, §§ 17, 20 a –26
Löwisch	Vertragliche Schuldverhältnisse, §§ 23, 25, 18–21
Klunzinger	§§ 48–50
Medicus	Bes. SchR, §§ 101, 106, 107, 109

4. Kapitel: Weitere vertragliche (rechtsgeschäftliche) Schuldverhältnisse

I. Bürgschaft

1. Begriff und Wesen

Das Bürgschaftsrecht des BGB wird von den §§ 765–778 umfaßt. Lesen Sie § 765 Abs. 1. Das Wesen der Bürgschaft besteht darin, daß sich der Bürge gegenüber dem Gläubiger eines Dritten, den man als »Hauptschuldner« bezeichnet, verpflichtet, für die Erfüllung der Verbindlichkeit (Schuld) dieses Dritten einzustehen. Im Klartext: Unter bestimmten Voraussetzungen muß der Bürge an den Gläubiger – im Regelfall[137] – eine Geldsumme zahlen, die der Hauptschuldner seinem Gläubiger schuldet.

Zweck der Bestellung einer Bürgschaft ist die Sicherung einer wirksamen Forderung des Gläubigers gegen den Hauptschuldner (= Kreditsicherung).

Aufgrund des Bürgschaftsvertrages stehen ihm zwei Forderungen zu: eine Forderung gegen den Hauptschuldner (= Hauptverbindlichkeit) und eine weitere gegen den Bürgen[138]. Die Rechtsverhältnisse der drei Beteiligten verdeutlicht die folgende Skizze:

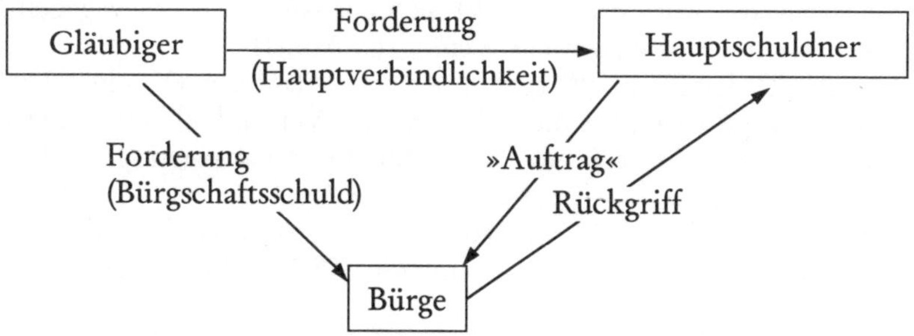

137 Eine Bürgschaft kann für jede schuldrechtliche Verbindlichkeit bestellt werden, nicht nur für Geldforderungen!

138 vgl. *Reinicke/Tiedtke*, Schuldsicherung, S. 95

Aus dieser Grafik können Sie, außer der Tatsache, daß dem Gläubiger zwei Forderungen zustehen, auch das Rechtsverhältnis zwischen Hauptschuldner und Bürgen erkennen: In der Regel liegt diesem ein Auftrag in Form einer Geschäftsbesorgung zugrunde[139].

2. Voraussetzungen und Rechtsfolgen des Bürgschaftsanspruchs

Einige wichtige Vorschriften des Bürgschaftsrechts wollen wir uns anhand des nächsten Übungsfalles verdeutlichen:

Übungsfall 9

Kurt Knubel (K) hat am 01. 04. 1990 von Vladimir Vogt (V) einen Computer für 60 000,– DM gekauft und geliefert bekommen. Da er nicht alles bar bezahlen konnte, hat die Bonus-Bank AG (B) in Höhe von 40 000,– DM gegenüber dem V eine Bürgschaft übernommen. K zahlt die am 01. 06. fällige Rate nicht, weil nach Aufstellung des Computers ein erwiesener Mangel hervorgetreten ist. V bestreitet den Mangel und will die B aus der Bürgschaft auf Zahlung der gesamten Restschuld in Anspruch nehmen. Die B weigert sich mit der Begründung, K habe die Zahlung der Raten mit Recht abgelehnt. Im übrigen möge sich V zunächst an K halten. Kann V die B mit Aussicht auf Erfolg verklagen[140]?

Eine Klage des V gegen B hätte Erfolg, wenn V gegen B einen Anspruch auf Zahlung der Restschuld hätte.

■ Welche Anspruchsgrundlage käme für V möglicherweise in Betracht? (Überlegen Sie, bevor Sie weiterlesen!)

▷ Sie haben die Vorschrift, aus der sich ein Anspruch des V gegen B ergeben kann, vor kurzem gelesen: § 765 Abs. 1!
Danach ist der Bürge (B) gegenüber dem Gläubiger (V) eines Dritten (K) verpflichtet, für die Erfüllung der Verbindlichkeit des Dritten einzustehen, sofern ein wirksamer Bürgschaftsvertrag geschlossen wurde.

Für den Abschluß eines Bürgschaftsvertrages gelten wie für jeden Vertragsschluß die allgemeinen Vorschriften (§§ 145 ff.!), deren Einhaltung wir unterstellen.

139 *vgl. dazu* oben, S. 88 f.
140 ähnlicher Fall bei *Hartwig*, S. 79

Gem. § 766 S. 1 (lesen!) ist zur Wirksamkeit des Bürgschaftsvertrages grundsätzlich die Schriftform der Bürgschaftserklärung erforderlich.

■ Wurde diese Form eingehalten?

▷ Obwohl der Sachverhalt dazu keine Angaben enthält, ist der Vertrag nicht (gem. welcher Vorschrift des Allgemeinen Teils?[141]) nichtig.

Zwar wurde der mögliche Mangel der Form nicht durch Erfüllung der Hauptverbindlichkeit nach § 765 S. 2 (lesen – an welche bereits bekannten Vorschriften erinnert Sie diese Formulierung?[142]) geheilt, doch ist das unschädlich:

Unabhängig davon, ob B ihre Bürgschaftserklärung schriftlich oder mündlich abgegeben hat, ist diese wirksam. B als Bank-AG ist (gem. §§ 6 Abs. 1 HGB und § 3 AktG) »Vollkaufmann«. Die Vorschriften des HGB als Sondergesetz gehen denen des BGB vor[143]. In § 350 HGB ist bestimmt, daß die Bürgschaftserklärung, die gem. § 343 Abs. 1 HGB für die Bank ein »Handelsgeschäft« ist, formfrei abgegeben werden kann[144].

Grundsätzlich müßte B für die Verbindlichkeiten des K gegenüber V einstehen, und zwar gem. § 767 Abs. 1 S. 1 in der Höhe der jeweils bestehenden Hauptverbindlichkeit (§ 767 Abs. 1 S. 1 lesen!).

§ 767 Abs. 1 ist eine ganz wichtige Vorschrift, da sie den das Bürgschaftsrecht kennzeichnenden Grundsatz der dauernden Abhängigkeit (Akzessorität) der Bürgschaftsverpflichtung von der Hauptschuld enthält.

Das Bürgschaftsrecht wird von dem sog. »Akzessoritätsprinzip« beherrscht.

■ Welche Hauptschuld besteht zwischen dem Schuldner K und dem Gläubiger V?

▷ Die Verpflichtung des K zur Kaufpreiszahlung!

■ Warum weigert K sich, die fällige Rate zu zahlen?

141 § 125!

142 §§ 313 S. 2, 518 Abs. 2

143 vgl. hierzu meine »Grundzüge«, Bd. I, S. 23 (»Subsidiaritätsprinzip«) sowie Art. 2 EGHGB

144 Die Vorschriften des HGB brauchen Sie noch nicht zu lesen! Notieren Sie sich aber neben § 766 »§ 350 HGB«!

▷ Weil die Kaufsache einen erwiesenen Mangel (vgl. § 459 Abs. 1!) hat.

■ Welche Rechte hat K deshalb gegenüber V?

▷ Er kann gem. § 462 Minderung oder Wandlung verlangen, d. h., er hat gegenüber dem Zahlungsanspruch des V eine »Einrede«, auf die er sich zu Recht beruft. Auf diese Einrede beruft sich im vorliegenden Fall auch die Bank B.

Ob sich auch der Bürge auf die Einrede des Hauptschuldners gegenüber dem Gläubiger berufen kann, ergibt sich aus dem Bürgschaftsrecht. Suchen und lesen Sie die entsprechende Vorschrift!

Wenn Sie fündig geworden sind, haben Sie die Antwort in § 768 Abs. 1 gelesen.

Auch dies ist ein Ausfluß des Akzessoritätsprinzips: Der Bürge soll dem Gläubiger nur unter denselben Voraussetzungen wie der Hauptschuldner haften!

Im vorliegenden Fall verweigert B die Zahlung zu Recht: Unter Berufung auf den Wandlungsgrund des K (§ 462) und auf § 768 braucht sie nicht zu zahlen. Der Einwand der B, V möge sich erst an den Käufer halten, war überflüssig.

■ Was aber meinte B damit?

▷ Die Antwort gibt § 771, eine weitere Zentralvorschrift des Bürgschaftsrechts – lesen!

Man nennt diese Art von Verteidigung des Bürgen gegenüber dem Anspruch des Gläubigers »Einrede der Vorausklage«.

Die Einrede der Vorausklage ist unter bestimmten Voraussetzungen ausgeschlossen. Einzelne Ausschlußgründe enthält § 773 Abs. 1 (lesen!).

Unser Sachverhalt gibt keinen Anlaß anzunehmen, daß einer dieser Gründe des § 773 vorliegt. Besonders wichtig ist § 773 Abs. 1 Nr. 1, von dem in der Praxis insofern häufig Gebrauch gemacht wird, als der Gläubiger auf dem Verzicht dieser Einrede besteht, um sich das lästige Vorgehen gegen seinen Hauptschuldner zu ersparen. Er möchte direkt gegen den Bürgen vorgehen können, wenn sein Schuldner nicht zahlt. Man nennt diese Art der Bürgschaft »selbstschuldnerische Bürgschaft«. Der Bürge muß sich nach Befriedigung des Gläubigers an den Schuldner halten: Gem. § 774 Abs. 1 (lesen!) ist die Forderung auf ihn übergegangen!

In unserem Fall müssen wir wieder berücksichtigen, daß es sich bei der Bank um einen Vollkaufmann i. S. d. HGB handelt.

§ 349 S. 1 HGB bestimmt, daß dem Bürgen die Einrede der Vorausklage nicht zusteht, wenn die Bürgschaft für ihn ein Handelsgeschäft ist. Dabei gelten die von einem Kaufmann vorgenommenen Rechtsgeschäfte im Zweifel gem. § 344 Abs. 1 HGB immer als Handelsgeschäfte.

■ Als Ergebnis unseres Falles können wir festhalten, daß eine Klage des V gegen B keinen Erfolg haben wird. Versuchen Sie, den Grund dafür selbst stichwortartig zu notieren, bevor Sie weiterlesen.

▷ B kann sich gegenüber der Zahlungsforderung des V gem. § 768 Abs. 1 (lesen Sie auch Abs. 2) auf das Wandlungsrecht des K berufen.

Die Einrede der Vorausklage ist dagegen gem. §§ 349 S. 1, 344 Abs. 1 HGB ausgeschlossen.

Bevor wir die Bürgschaft kurz von verwandten Rechtsgeschäften abgrenzen, prägen Sie sich die wichtigsten Vorschriften zur Bürgschaft auf Übersicht 8 ein.

Übersicht 8:

Bürgschaft

I. Gesetzliche Regelung: §§ 765-778

1. *Wesen:* Vertragliche Verpflichtung des *Bürgen* gegenüber dem *Gläubiger* für Verbindlichkeit des *Dritten (= Hauptschuldner)* einzustehen (= Mittel der Kreditsicherung).

> Anspruch des Gl. (= Kreditgeber) gg. Bürge (B) setzt immer das Bestehen einer Verbindlichkeit des Hauptschuldners (HS) voraus = *Grundsatz der AKZESSORIETÄT von BÜRGSCHAFT und HAUPTSCHULD*

2. *Schriftform* erforderlich: § 766 S. 1
– Mangel wird durch Erfüllung geheilt – § 766 S. 2
– Ausnahme: Bürgschaft ist Handelsgeschäft – § 350 HGB

II. Wirkungen des Akzessoritätsgrundsatzes:

§ 767: Bürgschaftsschuld immer in Höhe der Hauptschuld
§ 768: Bürge hat dieselben Einreden wie HS und kann sie geltend machen, auch wenn HS sich nicht darauf beruft!

III. Einrede der Vorausklage: § 771

– B kann Gl. auf Geltendmachung seiner Forderung bei HS verweisen
– Ausschluß der Einrede der Vorausklage: vgl. § 773! (Besonders wichtig: § 773 Abs. 1 Nr. 1 = *»selbstschuldnerische Bürgschaft«*)

IV. Gesetzlicher Forderungsübergang: § 774

– Wenn B Gl. befriedigt, wird B Inhaber der Forderung gegen Hauptschuldner (HS) – Über § 412 Anwendbarkeit von §§ 398 ff.
– B und HS sind »Gesamtschuldner« § 774 Abs. 1 – § 426 (Ausgleichspflicht im »Innenverhältnis«)

3. Abgrenzung zu Schuldbeitritt und Garantievertrag

a) Schuldbeitritt (auch: »kumulative Schuldübernahme«[145])

hat zur Folge und mit der Bürgschaft gemeinsam, daß derjenige, der der Schuld beitritt, neben dem Hauptschuldner als Gesamtschuldner[146] selbst verpflichtet wird. Wie die Bürgschaft ist auch der Schuldbeitritt bei seiner Entstehung vom Bestehen einer Hauptschuld abhängig. Nach seiner Entstehung besteht beim – formfreien – Schuldbeitritt im Unterschied zur Bürgschaft keine Akzessorität von der Hauptverbindlichkeit: die einzelnen Forderungen des Gläubigers gegen die Gesamtschuldner sind voneinander unabhängig[147]. Der Schuldbeitritt begründet eine selbständige Verpflichtung des Beitretenden, während der Bürge nur haftet, solange die Hauptschuld tatsächlich besteht.

b) Der »Garantievertrag«

ist im Gesetz nicht geregelt, aber aufgrund der Vertragsfreiheit möglich. Durch den Garantievertrag soll ein künftiges Risiko in der Weise abgesichert werden, daß jemand die Haftung für einen bestimmten Erfolg oder die Gefahrtragung bzw. den Schaden übernimmt, der aus einem Rechtsverhältnis mit einem Dritten entstehen kann[148]. Im Gegensatz zur Bürgschaft, mit der der Garantievertrag das Einstehen für die Schuld eines Dritten gemeinsam hat, wird beim Garantievertrag eine von Bestand und Umfang einer anderen Forderung völlig unabhängige, selbständige neue Forderung begründet, die keiner Veränderung unterliegt[149].

II. Vergleich, Schuldversprechen und Schuldanerkenntnis

1. Vergleich

Der – grundsätzlich formfreie – Vergleich ist gem. § 779 Abs. 1 (lesen!) ein gegenseitiger Vertrag, durch den der Streit oder die Ungewiß-

145 *vgl. Teilband 1, S. 146 ff.*
146 *oben, S. 147 f.*
147 *Reinicke/Tiedtke*, Schuldsicherung, S. 103
148 *Creifelds*, S. 442
149 *Alpmann und Schmidt*, SchR BT 2, S. 273

heit der Parteien über ein Rechtsverhältnis im Wege des gegenseitigen Nachgebens beseitigt wird. Der Ungewißheit über ein Rechtsverhältnis steht es gleich, wenn die Durchsetzung eines Anspruchs unsicher ist.

Sofern ein Streit oder eine Ungewißheit über ein Rechtsverhältnis, seien sie tatsächlicher (Beweisfragen!) oder rechtlicher Art, vorliegen und sich die Parteien durch gegenseitiges Nachgeben[150] sozusagen »auf der Mitte« treffen, hat der Vergleich die Rechtsfolge, daß die streitigen Beziehungen der Parteien neu geregelt werden und ein Zurückgreifen auf die bisherigen Streitpunkte ausgeschlossen ist[151]. Indem das Gesetz einen Vergleich bei Irrtum über die Vergleichsgrundlage für unwirksam erklärt, läßt es ausnahmsweise einen »Motivirrtum«[152] relevant werden: Er liegt gem. § 779 Abs. 1 vor, wenn der nach dem Inhalt des Vergleichsvertrages als feststehend zugrunde gelegte Sachverhalt der Wirklichkeit nicht entspricht und der Streit oder die Ungewißheit bei Kenntnis der Sachlage nicht entstanden wären. Während es sich in § 779 um den »außergerichtlichen Vergleich« handelt, liegt die Hauptbedeutung des Vergleichs in der Praxis im »gerichtlichen Vergleich«: Ein solcher »Prozeßvergleich« dient im Regelfall dazu, einen Rechtsstreit voll oder teilweise abzuschließen und hat nach Rechtskraft ähnliche Wirkung wie ein Urteil, d. h. u. a., er ist »Vollstreckungstitel« i. S. d. § 794 Nr. 1 ZPO, worauf wir nicht näher eingehen wollen, da das Zivilprozeßrecht nicht unser Thema ist . . .

2. Schuldversprechen und Schuldanerkenntnis

Lesen Sie die §§ 780 und 781. Zu Recht werden Sie sich möglicherweise gefragt haben, worin der Unterschied zwischen diesen beiden einseitig verpflichtenden (!) Rechtsgeschäften besteht. Der Unterschied ist ein rein terminologischer, der sich beim Schuldanerkenntnis in der Formulierung[153] »Ich erkenne an, DM 1 000,– zu schulden« niederschlägt, während es beim Schuldversprechen heißt »Ich verspreche,

150 **Dabei handelt es sich nicht um einen juristischen Begriff, sondern um einen solchen aus dem Sprachgebrauch des täglichen Lebens** *(vgl. auch Palandt/Thomas, § 779, Rdnr. 9).*

151 *Brox*, Bes. SchR, Rdnr. 345

152 vgl. dazu *meine* »Grundzüge«, Bd. I, S. 126

153 Beispiel nach *Brox*, Bes. SchR, Rdnr. 348; ebenso *Klunzinger*, S. 361

DM 1 000,– zu zahlen«. Voraussetzungen und Rechtsfolgen beider abstrakten, d. h. von einem zugrunde liegenden Schuldverhältnis unabhängigen Verträge sind identisch. Sinn dieser Verträge ist es, die Beweislage bei der Durchsetzung von Ansprüchen (z. B. aufgrund eines Verkehrsunfalles!) zu stärken. Grundsätzlich ist daher (= Schutz- und Beweisfunktion![154]) bei beiden die Schriftform Voraussetzung für ihre Wirksamkeit (Ausnahmen: § 782 – lesen – sowie wiederum § 350 HGB).

Literatur zur Vertiefung (4. Kapitel):

Alpmann und Schmidt	Schuldrecht BT 2, 8. Teil, S. 272–304
Brox	Bes. SchR, §§ 28–30
Klunzinger	§§ 51 u. 52
Löwisch	Vertragliche Schuldverhältnisse, §§ 28–30
Reinicke/Tiedtke	Gesamtschuld und Schuldsicherung, 2. Kap., 1. Abschn.

154 vgl. dazu *meine* »Grundzüge«, Bd. I, S. 157 f.

Zweiter Abschnitt: Gesetzliche Schuldverhältnisse

Lesen Sie zur Einführung noch einmal Übersicht 4 »Entstehung von vertraglichen und gesetzlichen Schuldverhältnissen« in Teilband 1![155]

Nun wissen Sie (wieder), daß gesetzliche Schuldverhältnisse unabhängig von einem darauf gerichteten Willen der Parteien allein kraft Gesetzes durch die Verwirklichung eines bestimmten Tatbestandes entstehen. Vertragliche Schuldverhältnisse dagegen kommen durch zwei sich deckende Willenserklärungen der Beteiligten (= Angebot und Annahme) zustande.

Das BGB kennt im wesentlichen vier gesetzliche Schuldverhältnisse: Die »Geschäftsführung ohne Auftrag« (§§ 677–687), die »Haftung des Gastwirts« (§§ 701–704), die »Ungerechtfertigte Bereicherung« (§§ 812–822) sowie die »Unerlaubte(n) Handlung(en)« (§§ 823–853); dabei ist die Gastwirtshaftung in unserem Rahmen nicht so »wichtig« und wird nur vollständigkeitshalber kurz vorgestellt.

I. Geschäftsführung ohne Auftrag

1. Begriff und Wesen

Die echte »Geschäftsführung ohne Auftrag« (im folgenden wie gemeinhin üblich mit »GoA« abgekürzt) ist dadurch gekennzeichnet, daß eine Person im Interessenbereich eines anderen für diesen tätig wird, ohne daß hierfür eine vertragliche oder gesetzliche Verpflichtung oder Berechtigung bestand. Das Gesetz gibt dem Handelnden unter bestimmten Voraussetzungen im nachhinein eine Berechtigung für sein Tun und regelt diesen Tatbestand in § 677 (lesen!). Es handelt sich um die sog. »berechtigte GoA«.

155 dort S. 31

2. Berechtigte GoA – Rechte und Pflichten der Beteiligten

Ob eine berechtigte GoA vorliegt, hängt gem. § 677 von folgenden Voraussetzungen ab:

(1) Der Geschäftsführer muß ein Geschäft für einen anderen, ein »fremdes« Geschäft, besorgt haben.

(2) Der Geschäftsführer darf von dem anderen »nicht beauftragt« oder auf andere Weise, z. B. durch eine andere gesetzliche Vorschrift, zur Vornahme des Geschäftes verpflichtet oder berechtigt sein.

(3) Das Geschäft muß dem Interesse und dem »wirklichen oder mutmaßlichen Willen« des Geschäftsherrn entsprechen.

Sind diese drei Voraussetzungen erfüllt, ist das gesetzliche Schuldverhältnis der GoA im Sinne der §§ 677 ff. entstanden.

Rechtsfolgen sind bestimmte Pflichten für den Geschäftsführer und den Geschäftsherrn, aus denen entsprechende Rechte des anderen folgen.

a) Rechte des Geschäftsführers

Der Geschäftsführer kann gem. §§ 683 S. 1, 670 (beide Vorschriften lesen!) vom Geschäftsherrn Aufwendungsersatz verlangen. Unter »Aufwendungen« versteht man freiwillige Vermögensopfer im Interesse eines anderen.[156]

b) Rechte des Geschäftsherrn

Neben der in § 677 festgelegten Pflicht des Geschäftsführers, das Geschäft mit Rücksicht auf den wirklichen oder den mutmaßlichen Willen des Geschäftsherrn zu führen, hat der Geschäftsführer natürlich die Pflicht, das Geschäft mit der gebotenen Sorgfalt zu führen und darauf zu achten, daß dem Geschäftsherrn kein Schaden entsteht. Verletzt er diese allgemeine Sorgfaltspflicht, hat der Geschäftsherr entsprechende Schadensersatzansprüche.

■ Beim »Stichwort: Sorgfaltspflichtverletzung« müßte Ihnen die entsprechende Anspruchsgrundlage sofort eingefallen sein! (Überlegen Sie, welche Voraussetzungen für diese Anspruchsgrundlage erfüllt sein müssen!)

156 vgl. *Palandt/Heinrichs*, § 256, Rdnr. 1

▷ Angesprochene Anspruchsgrundlage ist das Rechtsinstitut der positiven Vertragsverletzung[157], dessen erste Voraussetzung »Vorliegen eines Schuldverhältnisses« auch erfüllt ist, wenn es sich um ein »gesetzliches« Schuldverhältnis handelt![158]

Wurde der Geschäftsführer für den Geschäftsherrn zur Abwehr drohender Gefahren tätig, mindert sich allerdings gem. § 680 der Verschuldensmaßstab, das heißt, der Geschäftsführer haftet nur für Vorsatz und grobe Fahrlässigkeit – daneben hat der Geschäftsführer noch einige Nebenpflichten, die sich aus § 681 ergeben, der wiederum auf das Auftragsrecht verweist (§§ 680 und 681 lesen).

Dabei können sich insbesondere folgende Ansprüche des Geschäftsherrn ergeben:

(1) Anspruch auf Unterrichtung von der Übernahme der Geschäftsführung gem. § 681 S. 1 (nochmal lesen).
(2) Anspruch auf Auskunft und Rechenschaft gem. § 681 S. 2 i. V. m. § 666 (lesen).
(3) Anspruch auf Herausgabe des aus der Geschäftsführung Erlangten gem. § 681 S. 2 i. V. m. § 667 (lesen).

3. Unberechtigte GoA

Möglich ist auch, daß der Geschäftsführer ein Geschäft für den Geschäftsherrn nicht in dessen Interesse und entsprechend seinem Willen vornimmt sondern gegen den Willen des Geschäftsherrn handelt. In diesem Fall spricht man von einer »unberechtigten GoA«, die gem. § 678 zu Schadensersatzansprüchen des Geschäftsherrn gegen den Geschäftsführer führen kann, sofern nicht die Ausnahme des § 679 (lesen) eingreift.

Andererseits trifft den Geschäftsherrn bei der *»unberechtigten GoA«* die Verpflichtung, alles, was er durch die Geschäftsführung erlangt hat, dem Geschäftsführer herauszugeben (§ 684 S. 1 – lesen). Aus der Formulierung »liegen die Voraussetzungen des § 683 nicht vor« folgt zugleich, daß dem unberechtigten Geschäftsführer kein Aufwendungsersatzanspruch zusteht.

157 Zur Wiederholung vgl. Teilband 1, S. 104 ff.
158 *Palandt/Heinrichs*, § 276, Rdnr. 104

4. »Schulfälle« zur GoA

Übungsfall 10	
Ein Hausbewohner (H) bemerkt, daß unter der Flurtür seines verreisten Wohnungsnachbarn (N) Wasser herausfließt. Es ist zu vermuten, daß ein Rohrbruch eine Überflutung herbeigeführt hat. H verständigt sofort einen Klempner, der nach sachgemäßer Öffnung der Wohnungstür den Schaden behebt. H streckt die Reparaturkosten und die Kosten für die Öffnung der Wohnungstür vor. Als N aus dem Urlaub zurückkehrt, verlangt H von ihm den Ersatz seiner Aufwendungen. Zu Recht?	

■ Überlegen Sie selbst, welche Anspruchsgrundlage zugunsten des H eingreifen könnte!

▷ Wenn Sie soeben (S. 116) aufmerksam gelesen oder die Vorschriften der §§ 677 ff. überflogen haben, haben Sie sicherlich »§ 683 S. 1 i. V. m. § 670« gefunden[159]

■ Was setzt dieser Anspruch bezüglich der wahrgenommenen GoA voraus?

▷ Aus der Formulierung von § 683 S. 1 folgt, daß »berechtigte GoA« i. S. v. § 677 vorliegen muß. Ob dies der Fall ist, hängt (vgl. oben S. 115 f.) von drei Voraussetzungen ab.

■ Versuchen Sie (schriftlich) den Sachverhalt unter diese Voraussetzungen gutachtlich zu subsumieren, bevor Sie weiter lesen!

▷ (1) H hat für seinen Nachbarn N ein objektiv fremdes Geschäft besorgt, indem er den Klempner beauftragt und anschließend dessen Rechnung bezahlt hat, da es eigentlich Sache des N ist, Rohrbrüche in seiner Wohnung reparieren zu lassen und entsprechende Rechnungen zu bezahlen.

(2) H hatte auch keinen Auftrag von N bekommen, der zur Zeit des Rohrbruches in Urlaub war.

(3) Schließlich hatte H im Interesse des N und (zumindest) nach dem – objektiv zu beurteilenden – mutmaßlichen Willen des N gehandelt, da durch die rasche Reparatur ein größerer Schaden in dessen Wohnung verhindert wurde.

159 Unterstreichen Sie im Text von § 683 S. 1 die Worte »wie ein Beauftragter« und schreiben Sie daneben »§ 670« an den Rand!

Somit sind alle Voraussetzungen einer berechtigten GoA i. S. v. § 683 S. 1 i. V. m. § 677 erfüllt, so daß der Anspruch des H gegen N auf Aufwendungsersatz begründet ist.

Übungsfall 11

A ist Zeuge eines Verkehrsunfalles, bei dem B schwer verletzt wird und bewußtlos im Fahrzeug liegen bleibt. A trifft sofort die ihm erforderlich scheinenden Maßnahmen: Anlegen eines Notverbandes aus seinem Autoverbandskasten, telefonische Benachrichtigung des Unfallrettungsdienstes, Löschen des brennenden Unfallautos mit seinem Handfeuerlöscher, Benachrichtigung eines Abschleppdienstes usw. Nachdem B aus der Klinik entlassen wird, erweist er sich als undankbar und will die von A getätigten Aufwendungen nicht ersetzen, da er lebensmüde ist und lieber gestorben wäre! A meint, B sei zum Aufwendungsersatz gesetzlich verpflichtet. Stimmt das?

■ Was die Zahlungsverweigerung des B für die Lösung des Falles bedeutet, sollten Sie anhand der Gesetzeslektüre selbst herausfinden können! Versuchen Sie es und fertigen Sie ein stichwortartiges Gutachten (Anspruchsgrundlage/Voraussetzungen prüfen/Ergebnis formulieren) an, bevor Sie weiterlesen!

▷ Anspruchsgrundlage für A gegen B kann § 683 S. 1 i. V. m. § 670 sein.

Voraussetzung für den Anspruch ist, daß A in berechtigter Geschäftsführung ohne Auftrag für B gem. § 677 gehandelt hat. Da A wegen dessen Bewußtlosigkeit von B nicht beauftragt worden war, wurde A nicht in Erfüllung einer vertraglichen Verpflichtung tätig, sondern nahm ein objektiv fremdes Geschäft vor, das normalerweise im Interesse des B lag und seinem mutmaßlichen Willen entsprach. Da die Rettung jeden Menschenlebens, hier die des B, im öffentlichen Interesse liegt, ist der entgegenstehende Wille des B, auf den er sich offenbar beruft, in diesem Fall gem. § 679 unbeachtlich gewesen.

Der Anspruch des A gegen B ist begründet. B ist zum Ersatz der Aufwendungen gem. § 683 S. 1 i. V. m. § 670 verpflichtet.

5. Eigengeschäftsführung

Von »Eigengeschäftsführung« spricht man, wenn jemand ein objektiv fremdes Geschäft nicht für den anderen, sondern – wie ein eigenes Geschäft – für sich führt. Dabei sind zwei Formen möglich:

a) Vermeintliche Eigengeschäftsführung

Wird ein objektiv fremdes Geschäft versehentlich als eigenes geführt, finden die Vorschriften über die »GoA« gem. § 687 Abs. 1 (lesen) keine Anwendung. Der Ausgleich zwischen den Parteien findet ggf. nach den Vorschriften über die »ungerechtfertigte Bereicherung« (§§ 812 ff.) statt, die Sie in Kürze kennenlernen werden.

b) Angemaßte Eigengeschäftsführung (»unechte GoA«)

Die »unechte GoA« liegt vor, wenn sich jemand anmaßt, ein objektiv fremdes Geschäft als eigenes zu führen, ohne dazu berechtigt zu sein, und dies auch weiß. Diesen Fall spricht § 687 Abs. 2 S. 1 an (lesen), der dem Berechtigten einige Ansprüche des Geschäftsherrn nach dem Recht der GoA zugesteht.

Der Geschäftsherr kann das Geschäft sanktionieren, es sozusagen »an sich ziehen«, um Ansprüche aus GoA geltend zu machen. In diesem Fall ist er gem. § 687 Abs. 2 S. 2 i. V. m. § 684 S. 1 wie bei der (echten) »unberechtigten GoA« verpflichtet, seinerseits das aus der Geschäftsführung Erlangte herauszugeben.

Die wichtigsten Vorschriften zum Recht der GoA sind auf der nächsten Übersicht 9 zusammengefaßt.

Übersicht 9:

Geschäftsführung ohne Auftrag (GoA)

I. Gesetzliche Regelung: §§ 677–687

1. *Wesen der GoA:* Geschäftsführer (= GF) wird im Interessenbereich eines anderen (Geschäftsherr = GH) tätig, ohne daß eine vertragliche oder gesetzliche Verpflichtung besteht.
2. *Voraussetzungen* der (berechtigten) GoA gem. § 677:
   a) GF muß objektiv *fremdes* Geschäft (»für einen anderen«) besorgt haben
   b) GF darf von GH nicht beauftragt, noch in anderer Weise zur Vornahme verpflichtet od. berechtigt sein
   c) Geschäft muß objektivem *Interesse* und dem (wirklichen oder mutmaßlichen) *Willen* des GH entsprechen

II. 1. *Rechte...*

... des GF

- Aufwendungsersatz (§§ 683 S. 1 i.V.m. 670) (»Aufwendungen« = freiwillige Vermögensopfer zum Zwecke der Durchführung des Geschäfts)

... des GH

- bei Verletzung von Sorgfaltspflicht durch GF: Anspr. auf Schad. ers. aus p.V.V. (ggf. Haftungsbeschränkung für GF nach § 680)
- Ansprüche auf:

2. *Pflichten*

... des GH (→ Aufwendungsersatz)

... des GF

- Unterrichtung des GH über Übernahme der Geschäfte (§ 681 S. 1)
- Auskunft u. Rechenschaft (§§ 681 S. 2 i.V.m. 666)
- Herausgabe des aus der GoA Erlangten (§§ 681 S. 2 i.V.m. 667)

III. »Unberechtigte GoA«

§ 678 = GoA gegen den Willen des GH = ggf. Schadenersatzanspruch GH gegen GF
– liegt *nicht* vor, wenn Voraussetzung v. § 679 = »öffentliches Interesse«

IV. Unechte (angemaßte) GoA

§ 687 Abs. 2: GH kann Geschäftsführung sanktionieren und ggf. Anspruch aus § 681 (s.o.) geltend machen

Literatur zur Vertiefung (zu I):

Brox	Bes. SchR, § 32
Klunzinger	§ 55
Musielak	§ 8, II

II. Haftung des Gastwirts

Die »Haftung des Gastwirts« (vgl. Überschrift § 701) für eingebrachte Sachen nimmt eine Zwischenstellung[160] ein, da dieses gesetzliche Schuldverhältnis nur entstehen kann, wenn zuvor ein (anderes) vertragliches Schuldverhältnis begründet wurde. Lesen Sie § 701 Abs. 1!

Statt »aufnimmt« müßte es dort eigentlich besser heißen »aufgenommen hat«: denn bevor der Gastwirt Beteiligter des gesetzlichen Schuldverhältnisses i. S. v. § 701 Abs. 1 werden kann, muß er einen »Beherbergungsvertrag«[161] mit einem Gast geschlossen haben! Ist dies der Fall, haftet der »Gastwirt« gem. § 701 Abs. 1 – gemeint ist der »Beherbergungswirt« (Hotel, Pension etc.), nicht der Kneipenwirt (vornehmer: Schank- und/oder Speisewirt!) – für den Schaden, der dem Gast durch Verlust, Zerstörung oder Beschädigung von Sachen entsteht, die dieser in den Betrieb (Hotel, Pension . . .) eingebracht hat. Der (Beherbergungs- bzw.) Gastwirt haftet unter diesen Voraussetzungen unabhängig von seinem Willen kraft gesetzlicher Anordnung einer sog. »Gefährdungshaftung«[162] und ist insofern Beteiligter eines gesetzlichen Schuldverhältnisses.

160 vgl. *Medicus*, SchR, § 71 II sowie oben, S. 3

161 **Der Beherbergungsvertrag ist ein »gemischter Vertrag« (vgl. dazu Teilband 1: »Vertragsfreiheit«, S. 10 ff.), der sowohl Elemente des Miet-, (oft auch) des Kauf- und des Verwahrungsvertrages enthält. – Überlegen Sie selbst, welche Elemente dieser Vertragstypen der Beherbergungsvertrag enthält und lesen Sie die für die genannten Verträge geltenden Grundvorschriften im BGB nach!**

162 dazu noch unten, S. 153 f.

III. Ungerechtfertigte Bereicherung

Wenn Sie bisher (inkl. Bd. I dieser »Grundzüge«) aufmerksam gelesen (und gelernt) haben, müßte Ihnen zumindest die erste und wichtigste Vorschrift des »Bereicherungsrechts« sofort eingefallen sein!

■ Falls nicht: Überlegen Sie! Suchen Sie im Gesetzestext oder im dazugehörigen Index!

▷ Sofern Sie diesem Ratschlag gefolgt sind, haben Sie diese Vorschrift gefunden: Das Recht der ungerechtfertigten Bereicherung ist in den §§ 812 ff. geregelt.

Lesen Sie § 812 Abs. 1 und den folgenden Lernhinweis von *Klunzinger*[163], der einen guten Einstieg in diese schwierige Rechtsmaterie gibt und deswegen auszugsweise wörtlich übernommen wurde:

"Zweck der in §§ 812 ff. BGB geregelten Ansprüche aus ungerechtfertigter Bereicherung ist es, »ungerechtfertigte« Vermögensverschiebungen rückgängig zu machen. Das könnte auf den ersten Blick mißverstanden werden: Das Gesetz will damit nicht den »groben Hobel« ansetzen, um einen allgemeinen Ausgleich unterschiedlicher und damit möglicherweise (wirtschaftlich, gesellschafts- oder sozialpolitisch) als »ungerecht« empfundener Besitzverhältnisse zu erreichen. Es geht vielmehr darum, einen Rechtserwerb rückgängig zu machen, der zwar nach der Dogmatik[164] des BGB rechtswirksam vollzogen ist, jedoch im Verhältnis zu demjenigen, der durch die Vermögensverschiebung benachteiligt ist, keinen Rechtsgrund besitzt. Dabei kennt das Gesetz keinen einheitlichen Tatbestand der ungerechtfertigten Bereicherung, sondern nur einen Katalog verschiedener Ansprüche mit unterschiedlichen Voraussetzungen. Allein in § 812 BGB sind vier Bereicherungsfälle enthalten (insoweit wäre es unvollständig und falsch, in einer Klausur als Anspruchsgrundlage lediglich § 812 BGB ohne Präzisierung der jeweiligen Variante zu nennen!). Grundsätzlich unterscheidet man danach, ob die Bereicherung durch eine »Leistung« oder »in sonstiger Weise« erfolgte; man spricht insoweit von der »Leistungskondiktion«[165] und der« Kondiktion in sonstiger Weise«."

Der Unterschied zwischen diesen Kondiktionen wird Ihnen nach der Lektüre der folgenden Seiten (hoffentlich) klar sein . . .

163 S. 372

164 = »wissenschaftliche Darstellung; Lehre«

165 »Kondiktion« (lat. condictio) wurde aus dem Römischen Recht entlehnt und bedeutet schlicht »Herausgabe«.

1. Die vier Grundtatbestände von § 812 Abs. 1

Das gesetzliche Schuldverhältnis des § 812 Abs. 1 gibt, wie angedeutet, unter bestimmten Voraussetzungen dem Entreicherten einen Herausgabeanspruch gegen den Bereicherten. Diese Voraussetzungen wollen wir uns genauer ansehen und prüfungsschematisch ordnen. Lesen Sie nochmals Abs. 1 S. 1!

Danach muß jemand

(1) »etwas erlangt« haben (= darin liegt seine Bereicherung!).
Dies muß geschehen sein

(2a) »durch Leistung eines anderen« (1. Variante)
oder

(2b) »in sonstiger Weise« (2. Variante),
und zwar

(3) »ohne rechtlichen Grund«.

Bei der ersten Tatbestandsvariante handelt es sich um eine »Leistungskondiktion« (s. o.). »Leistung« im Sinne des Bereicherungsrechts ist nach Rechtsprechung und Lehre »jede bewußte und zweckgerichtete Vermehrung fremden Vermögens«[166].

Unter einer Bereicherung »in sonstiger Weise« (zweite Tatbestandsvariante von § 812 Abs. 1) ist jede Art von Bereicherung zu verstehen, die *nicht* durch eine Leistung des Entreicherten erfolgt. Dies ist z. B. der Fall, wenn der Bereicherte einen Eingriff in das Vermögen des Entreicherten vornimmt. Man nennt diese Variante des § 812 Abs. 1 S. 1 auch »Eingriffskondiktion«. Schulbeispiel hierfür ist der eigenmächtige Ge- oder Verbrauch fremder Sachen (z. B. Kohle des Nachbarn im Keller – dazu noch später).

Wenn Sie § 812 Abs. 1 S. 2 lesen, sehen Sie, daß dort zwei weitere Tatbestände der Leistungskondiktion geregelt sind.

Der Herausgabeanspruch nach § 812 Abs. 1 besteht nach S. 2 auch, wenn der rechtliche Grund (der Leistung) nicht schon von Anfang an fehlte (wie bei Abs. 1 S. 1, 1. Var.), sondern später wegfällt oder der mit einer Leistung bezweckte Erfolg nicht eintritt.

Was das bedeutet, wird klarer, wenn wir diese vier Tatbestandsvarianten anhand praktischer Beispiele betrachten.

166 vgl. statt aller *Palandt/Thomas*, § 812, Rdnr. 3 m. w. N.

a) § 812 Abs. 1 S. 1, 1. Var. (Leistungskondiktion)

Übungsfall 12	

V und K (beide volljährig[167]) schließen am 18. 4. 1993 einen Kaufvertrag über ein wertvolles Buch zum Preis von 300,– DM. Die Übereignung des Buches und Geldes finden am 20. 4. 1993 statt.
Bis zum 19. 4. 1993 war V geisteskrank! Am 20. 4. 1993 ist er wieder gesund.
Kann V das Buch von K herausverlangen?

Bevor wir diesen Fall nach dem Bereicherungsrecht lösen, möchte ich ihn dazu benutzen, Ihnen noch einmal das wichtige »Abstraktionsprinzip«[168] in Erinnerung zu rufen.

■ Was ist der wesentliche Inhalt des »Abstraktionsprinzips«? (Beliebte Prüfungsfrage! Versuchen Sie, selbst die Antwort zu formulieren, bevor Sie weiterlesen!)

▷ Das Abstraktionsprinzip besagt, daß das schuldrechtliche Verpflichtungsgeschäft (z. B. ein Kaufvertrag i. S. v. § 433) rechtlich streng zu trennen ist von dem in Erfüllung der schuldrechtlichen Verpflichtung folgenden sachenrechtlichen Verfügungsgeschäft (z. B. der Übertragung des Eigentums an einer beweglichen Sache gem. § 929 S. 1 – lesen!). Jedes dieser Geschäfte ist für sich abstrakt von dem anderen zu betrachten. Dabei kann es vorkommen, daß z. B. das Verpflichtungsgeschäft unwirksam war, während das nachfolgende Verfügungsgeschäft wirksam war (oder umgekehrt!).

■ Welches sachenrechtliche Verfügungsgeschäft hat der Verkäufer V am 20. 4. vorgenommen?

▷ Die Übertragung des Eigentums (= Übereignung) an dem Buch gem. § 929 S. 1 durch Einigung und Übergabe. Da V am 20. 4. »gesund« war, war seine im Rahmen der Einigung abgegebene Willenserklärung wirksam, so daß K Eigentümer des Buches geworden ist. V kann den Herausgabeanspruch des Eigentümers aus § 985, an den man immer zuerst denkt, wenn es um die Herausgabe einer Sache geht, nicht geltend machen.

■ Betrachten Sie nun den Kaufvertrag vom 18. 4., aufgrund dessen V die Eigentumsübertragung vorgenommen hat. War dieser Kaufvertrag (das schuldrechtliche Verpflichtungsgeschäft) wirksam? (Denken Sie nach!)

▷ Voraussetzung für die Wirksamkeit eines Vertrages sind bekanntlich zwei wirksame Willenserklärungen. Da V am 18. 4. geisteskrank war, war seine auf den Kaufvertragsschluß zielende Willenserklärung gem. § 105 Abs. 1 i. V. m. § 104 Nr. 2 nichtig bzw. der Kaufvertrag unwirksam.

167 Dieser klarstellende Hinweis ist eigentlich überflüssig! Wenn zwei Parteien einen Vertrag schließen und über ihr Alter nichts ausgesagt ist, dürfen (müssen!) Sie vom »Normalfall« der Volljährigkeit der Geschäftspartner ausgehen!

168 vgl. *meine* »Grundzüge«, Bd. I, S. 148 – 156

V war gar nicht gem. § 433 Abs. 1 S. 1 zur Übertragung des Eigentums an dem Buch auf K verpflichtet. Da er das Eigentum am 20. 4. dennoch gem. § 929 S. 1 wirksam auf K übertragen und damit seinen Anspruch aus § 985 verloren hat, könnte er die unerwünschte Folge des Abstraktionsprinzipes nicht mehr beseitigen, wenn nicht das Bereicherungsrecht einen Ausgleich schaffen würde:

Ein Anspruch auf Herausgabe des Buches könnte sich für V aus § 812 Abs. 1 S. 1, 1. Var. ergeben. Grundsätzlich müssen dazu folgende Voraussetzungen erfüllt sein:

(1) K müßte *etwas erlangt* haben. K hat Besitz (§ 854) und Eigentum an dem Buch erlangt, da die am 20. 4. im Rahmen von § 929 S. 1 abgegebene Einigungserklärung des V wirksam war.

(2) Dies müßte durch eine *Leistung* des V geschehen sein. »Leistung« ist jede bewußte, gewollte und zweckgerichtete Vermögensmehrung. Eine Vermögensmehrung lag vor, da V dem K am 20. 4. das Buch bewußt zum Zwecke der Erfüllung des Kaufvertrages übereignet hatte.

(3) Schließlich müßte K das Buch *»ohne rechtlichen Grund«* erlangt haben. Als rechtlicher Grund kommt der am 18. 4. geschlossene Kaufvertrag in Betracht. An diesem Tag war V aber geisteskrank und deshalb geschäftsunfähig (§ 104 Nr. 2). Seine zu diesem Zeitpunkt abgegebene Willenserklärung ist gem. § 105 Abs. 1 nichtig. Ein wirksamer Kaufvertrag kam zwischen V und K nicht zustande, so daß K das Buch ohne rechtlichen Grund erlangte.

Damit sind alle Voraussetzungen von § 812 Abs. 1 S. 1, 1. Var. erfüllt mit der Folge, daß V das Buch von K herausverlangen kann[169].

b) § 812 Abs. 1 S. 1, 2. Var. (Eingriffskondiktion)

Übungsfall 13

A hat ein Reitpferd bei Bauer B im Stall untergebracht, in dem noch einige Pferde des B stehen. Der Gehilfe des B füttert versehentlich auch die Pferde des B mit dem im Eigentum des A stehenden Pferdefutter. A will von B Herausgabe des Geldes, das er für das Futter ausgegeben hatte.

Zu Recht?

A könnte gegen B einen Anspruch aus ungerechtfertigter Bereicherung gem. § 812 Abs. 1 S. 1, 2. Var. haben.

169 Auf die gleiche Weise kann K wieder das als Kaufpreis gezahlte Geld zurückbekommen! Prüfen Sie § 812 Abs. 1 S. 1, 1. Var. daraufhin systematisch durch!

■ Welche drei Voraussetzungen müssen für diesen Anspruch erfüllt sein? (Blättern Sie zurück und schreiben Sie sich die drei Voraussetzungen der 2. Var. von § 812 Abs. 1 S. 1 auf, bevor Sie weiterlesen!)

▷ (1) Damit der Anspruch des A begründet ist, müßte B »etwas erlangt« haben!

■ Was hat B erlangt? [Das Pferdefutter? Wohl kaum; das haben die Pferde (fressenderweise) erlangt ... Überlegen Sie! Was verlangt A?]

▷ Hätte der Gehilfe das dem B und nicht dem A gehörende Pferdefutter verwendet, hätte B sich neues Pferdefutter kaufen müssen! B hat dadurch Aufwendungen »erspart«; er hat, anders ausgedrückt, eine »Aufwendungsersparnis« erlangt.

(2) B hat diese Ersparnis nicht durch eine Leistung des A erlangt, sondern »in sonstiger Weise«, durch den Eingriff seines Gehilfen in das Eigentum des A.

(3) Dieser Eingriff erfolgte schließlich ohne rechtlichen Grund (es gibt keinen rechtlichen Grund dafür, ohne Erlaubnis fremdes Eigentum zu verbrauchen!), so daß A von B die Herausgabe der ersparten Aufwendungen verlangen kann.

c) § 812 Abs. 1 S. 2, 1. Var. (Leistungskondiktion)

Übungsfall 14	
K kauft von V ein Pferd, das 14 Tage später übergeben werden soll, und bezahlt bereits 1 000,– DM auf den Kaufpreis an. Drei Tage später wird das Pferd vom Blitz erschlagen. K will sein Geld von V zurück.[170]	

Als Anspruchsgrundlage, nach der K von V Herausgabe der 1 000,– DM verlangen könnte, kommt § 812 Abs. 1 S. 2, 1. Var. in Betracht.

Lesen Sie § 812 Abs. 1 noch einmal ganz! Satz 2 nimmt Bezug auf Satz 1 (»Diese Verpflichtung besteht auch dann, wenn (1) ... *oder* (2) ...«).

Im Unterschied zur ersten Variante von Satz 1 (»ohne rechtlichen Grund«, der von Anfang an nicht vorhanden war) fällt in Satz 2 der (ursprünglich vorhandene) rechtliche Grund für eine Leistung später weg.

Auch der Anspruch aus § 812 Abs. 1 S. 2, 1. Var. hat drei

170 ähnlich *Westermann*, Grundbegriffe, S. 87

Voraussetzungen:

(1) V müßte »etwas erlangt« haben.

■ Was hat V erlangt? (Geben Sie die Antwort zunächst wieder selbst und begnügen Sie sich nicht damit zu sagen, V habe 1 000,– DM erlangt, sondern geben Sie eine juristisch fundierte Antwort! Was hat V, *rechtlich* gesehen, wirklich erlangt? Erst denken, dann lesen!)

▷ V hat nicht »nur« 1 000,– DM erlangt, sondern Besitz und Eigentum an diesen 1 000,– DM!

(2) Dies müßte durch eine »Leistung« des K geschehen sein.

■ Ist dies der Fall? (Nachdenken!)

▷ K hat bewußt und zweckgerichtet das Vermögen des V vermehrt, indem er in Erfüllung des Kaufvertrages bereits 1 000,– DM von dem Kaufpreis angezahlt hat. Auch die zweite Voraussetzung für den Anspruch ist erfüllt.

(3) Der rechtliche Grund für diese Leistung müßte »später weggefallen« sein!

Jetzt wird's etwas schwieriger:

Zum Zeitpunkt der Zahlung war der Kaufvertrag V – K wirksam, so daß die Leistung zunächst mit Rechtsgrund erfolgte, da V gem. § 433 Abs. 2 einen Anspruch auf Zahlung des Kaufpreises hatte.

Dieser Anspruch und damit der rechtliche Grund für die Zahlung des K könnte aber später weggefallen sein, weil dem V die Lieferung des Pferdes durch den Blitzschlag unmöglich geworden sein könnte.

V war bezüglich der Lieferung des Pferdes Schuldner; bei der Zahlung des Kaufpreises handelt es sich also um die Gegenleistung.

■ Welche Vorschrift aus dem Recht der Leistungsstörungen regelt das Schicksal dieser Gegenleistung, und welche Voraussetzung muß erfüllt sein, damit der Anspruch des V auf die Gegenleistung (später) wegfällt?[171]

Es müßte eine objektive, nachträgliche Unmöglichkeit der Leistung des Schuldners vorliegen, die weder von V noch von K zu vertreten ist.

■ Liegt objektive Unmöglichkeit der Leistung des V vor?

▷ Das Pferd ist tot und kann nicht mehr geliefert werden.

■ Hat V diese Unmöglichkeit zu vertreten?

▷ Ein Blitzschlag ist rechtlich gesehen Zufall bzw. »höhere Gewalt«[172]. Ein Verschulden des V i. S. von § 276 (lesen!) liegt nicht vor!

■ Welche Rechtsfolge tritt daher bezüglich der Leistungspflicht des V ein?

171 ▷ § 323 Abs. 1 – Wenn Sie darauf nicht gekommen sind, sollten Sie die Ausführungen zur »Unmöglichkeit«, Teilband 1, S. 78 ff. nochmals lesen!

172 Höhere Gewalt ist ein von außen einwirkendes, nicht vorhersehbares Ereignis, dem mit angemessenen und zumutbaren Mitteln nicht rechtzeitig begegnet werden konnte ***(Creifelds, S. 1277).***

▷ V wird von der Leistungspflicht nach § 275 Abs. 1 (lesen) frei!

Da weder V noch K die durch den Blitzschlag eingetretene Unmöglichkeit zu vertreten haben, liegen die Voraussetzungen des § 323 Abs. 1 vor, d. h., V verliert den Anspruch auf die Gegenleistung des K. Mit anderen Worten: Der Rechtsgrund für die bereits geleistete Anzahlung des K ist (später) weggefallen, so daß K die 1 000,– DM gem. § 812 Abs. 1 S. 2, 1. Var. von V herausverlangen kann (vgl. § 323 Abs. 3 – lesen; »ungerechtfertigte Bereicherung« dort unterstreichen und »§ 812 Abs. 1 S. 2, 1. Var.« am Rand notieren!).

d) § 812 Abs. 1 S. 2, 2. Var. (Leistungskondiktion)

Die gleiche Rechtsfolge (Herausgabe des Erlangten) soll schließlich gem. § 812 Abs. 1 S. 2, 2. Var. eingreifen, wenn der mit einer Leistung bezweckte Erfolg nicht eintritt (§ 812 Abs. 1 im Hinblick auf diese Variante nochmals ganz lesen!).

Ein solcher Fall liegt z. B. vor, wenn jemand einem anderen einen Schuldschein unterzeichnet, um ein Darlehen zu bekommen, das dann aber nicht ausgezahlt wird. Er kann diesen Schuldschein gem. § 812 Abs. 1 S. 2, 2. Var. wieder herausverlangen.

2. Die Eingriffskondiktionen des § 816

a) Entgeltliche Verfügung eines Nichtberechtigten

Lesen Sie § 816 Abs. 1 S. 1! Die Bedeutung dieser Vorschrift verdeutlicht der nächste Übungsfall:

Übungsfall 15

A macht Urlaub auf Sylt und mietet sich dort bei einem Fahrradvermieter (F) ein wertvolles Fahrrad, mit dem er sich auf der Insel trimmen will. Den vielen Schweiß, den er dabei verliert, holt er sich abends in Form geistiger Getränke in Sylts »Schickeria-Lokalen« wieder zurück. Als er gegen Ende des Urlaubs feststellt, daß er nahezu »pleite« ist, meint er, er habe sich genug getrimmt, verkauft das Fahrrad für 1 000,– DM an den gutgläubigen B und übereignet diesem das Rad. F erfährt rechtzeitig davon und verlangt von A Herausgabe des Erlöses von 1 000,– DM. Zu Recht?

F könnte gegen A einen Anspruch auf Herausgabe der 1 000,– DM gem. § 816 Abs. 1 S. 1 haben.

Dafür müssen zwei Voraussetzungen erfüllt sein:

(1) A müßte als Nichtberechtigter eine Verfügung getroffen haben.

■ Welche Verfügung kommt in Betracht?

▷ Die Eigentumsübertragung an B gem. § 929 S. 1. A war jedoch nicht Eigentümer, sondern F, so daß A als Nichtberechtigter verfügte.

(2) Die Verfügung müßte dem Berechtigten – F – gegenüber wirksam sein.

■ Wie kann die Verfügung eines Nichtberechtigten »allgemein«[173] wirksam werden? (Wenn Sie es nicht sofort wissen, suchen Sie im Index[174], bevor Sie weiterlesen!)

▷ Von der »Verfügung eines Nichtberechtigten« spricht § 185: Danach kann die Verfügung wirksam werden durch Zustimmung des Berechtigten (= Einwilligung gem. § 185 Abs. 1 i. V. m. § 183 S. 1 oder Genehmigung gem. § 185 Abs. 2 S. 1 i. V. m. § 184 Abs. 1).[175]
Beides liegt nicht vor.

Dennoch ist die Verfügung des A wirksam, und zwar aufgrund einer Vorschrift des Sachenrechts: Lesen Sie § 932 Abs. 1 S. 1.[176]

Die Verfügung des A, der (als »Nichteigentümer« ist er Nichtberechtigter) gem. § 929 S. 1 das dem F zustehende Eigentum an dem Fahrrad auf B übertragen hat, könnte gem. § 932 Abs. 1 S. 1 wirksam sein, wenn B von der Nichtberechtigung des A nichts gewußt hat bzw. in gutem Glauben war daß A Eigentümer des Fahrrades war. Zur Annahme, daß B gem. § 932 Abs. 2 (lesen) nicht in gutem Glauben war, gibt es keinen Anlaß[177]. B wurde gem. §§ 932, 929 S. 1 gutgläubig Eigentümer des Fahrrads, so daß die Verfügung des Nichtberechtigten wirksam war.

Die Voraussetzungen von § 816 Abs. 1 S. 1 sind erfüllt. Rechtsfolge ist, daß F gegen A einen Anspruch auf Herausgabe des tatsächlich

173 = BGB Allgemeiner Teil!

174 siehe dort Stichworte »Verfügung« und dann »Nichtberechtigter«

175 Lesen Sie diese Vorschriften, um sich den Unterschied zwischen Einwilligung und Genehmigung (Oberbegriff: Zustimmung!) wieder in Erinnerung zu rufen!

176 Das Fahrrad ist F auch nicht gem. § 935 »abhanden gekommen«, da er als Vermieter freiwillig den Besitz dem Mieter A überlassen hat! Dazu mehr im »Sachenrecht« = *meine* »Grundzüge«, Bd. III, S. 46)

177 B hatte keinen Grund, an der Eigentümerstellung des A zu zweifeln.

»durch die Verfügung Erlangten« hat, d. h., er kann die 1 000,– DM herausverlangen[178].

b) Unentgeltliche Verfügung eines Nichtberechtigten

Lesen Sie § 816 Abs. 1 nun ganz! Ein Fall des § 816 Abs. 1 S. 2 läge vor, wenn A in Fall 14 dem B das Fahrrad nicht aufgrund eines Kaufvertrages (entgeltlich), sondern (unentgeltlich) aufgrund einer Schenkung i. S. v. § 516 übertragen hätte.

■ Überlegen Sie selbst, worauf und gegen wen der Anspruch in dieser Fallabwandlung gerichtet ist!

▷ Sofern die Voraussetzungen von § 816 Abs. 1 (S. 1 und 2) erfüllt sind, richtet sich der Anspruch des Berechtigten (F) nicht gegen den nichtberechtigt Verfügenden (= A), sondern gegen denjenigen, der durch die Verfügung etwas erlangt hat (= B). F hat danach einen Anspruch auf Herausgabe des Fahrrades gegen B gem. § 816 Abs. 1[179]!

c) Verfügung an einen Nichtberechtigten

Die »schwierigste« Anspruchsgrundlage des Bereicherungsrechts dürfte § 816 Abs. 2 sein (lesen!). Dazu lösen wir

Übungsfall 16	
A hat gegenüber B eine Forderung aus Kaufvertrag in Höhe von 1 000,– DM und schuldet dem C ebenfalls 1 000,– DM aus einem Darlehnsvertrag. Als C das Darlehen zurückverlangt, tritt A seine Forderung gegen B gem. § 398 an C am 1. Juni ab, ohne dem B etwas davon zu sagen. B überweist am 5. Juni seine Kaufpreisschuld an A. Am 9. Juni fordert C unter Hinweis auf die durch A erfolgte Abtretung den B auf, an ihn 1 000,– DM zu zahlen. B weigert sich, da er bereits an A bezahlt hat. Welchen Anspruch hat C gegen A[180]?	

178 Natürlich liegt der Gedanke nahe, daß A die erhaltenen DM 1 000,– von B bereits verbraucht hat . . . Daß und warum er sich darauf nicht berufen kann, werden Sie gleich noch erfahren.

179 Das ist auch nur »recht und billig«: B hat für das Fahrrad, das im Eigentum von F stand (!), nichts bezahlt!

180 Kommt Ihnen dieser Fall bekannt vor? – Richtig! Er ist nahezu identisch mit Fall 20, Teilband 1, S. 141. Lesen Sie daher dort nocheinmal Sachverhalt und Lösung von Fall 20, bei dem nur die Frage zu beantworten war, ob B die Zahlung zu Recht verweigert. Fall 16 ist sozusagen die Fortsetzung davon.

■ Da es sich um einen Beispielsfall für § 816 Abs. 2 handelt, können Sie den ersten Satz unserer Fallösung gleich selbst formulieren (versuchen Sie es, bevor Sie weiterlesen!).

▷ »C könnte gegen A einen Anspruch auf Herausgabe der 1 000,– DM gem. § 816 Abs. 2 haben«.

Dann müßten folgende Voraussetzungen erfüllt sein:

(1) An jemanden (= A) müßte eine »Leistung« bewirkt sein.

(2) Der Leistungsempfänger (= A) müßte bezüglich der Annahme der Leistung Nichtberechtigter gewesen sein.

(3) Die Leistung an den Nichtberechtigten (= A) müßte dem Berechtigten (= Anspruchssteller = C) gegenüber wirksam sein.

Stellen wir fest, ob diese drei Voraussetzungen vorliegen!

(1) Da B an A durch Überweisung seine Kaufpreisschuld bezahlt hat und damit »bewußt und zweckgerichtet« das Vermögen des A vermehrt hat, hat er an A eine Leistung bewirkt.

(2) A war bezüglich der Annahme dieser Leistung Nichtberechtigter, wenn A am 5. 6. nicht mehr Inhaber der Kaufpreisforderung war.

■ Trifft das zu?

▷ A hatte seine Kaufpreisforderung am 1. 6. gem. § 398 S. 1 an C abgetreten – (§ 398 S. 1 lesen!).

■ Welche Rechtsfolge tritt ein?

▷ Rechtsfolge der Abtretung ist, daß mit dem Abschluß des Abtretungsvertrages gem. § 398 S. 2 C anstelle des A Gläubiger dieser Forderung wurde. Das bedeutet, daß A die Zahlung als Nichtberechtigter annahm.

Die zweite Voraussetzung von § 816 Abs. 2 ist erfüllt.

Von dieser Abtretung hat allerdings der Schuldner (B) nichts gewußt. Das Gesetz sieht eine Benachrichtigung des Schuldners über die Abtretung – wie Sie wissen – auch nicht vor.

■ Welche Überlegung lag dem zugrunde?

▷ Jemand, der eine Forderung abtritt, tut dies in der Regel, weil er selbst gerade nicht liquide, also zahlungsunfähig, ist. Da mangelnde Liquidität durchaus geeignet ist, den geschäftlichen Ruf einer Person zu mindern, muß der Gläubiger einer Forderung seinen Schuldner nicht über die Abtretung informieren. Andererseits muß dann der Schuldner geschützt werden, wenn er – wie in unserem Fall – seine vermeintliche Schuld an seinen ursprünglichen Gläubiger bezahlt. Weil er von der Abtretung nichts wußte, wäre es unbillig, daß er an den Gläubiger nochmals zahlen müßte. Diesen Schutz gewährt das Gesetz dem Schuldner bekanntlich (vgl. Teilband 1, S. 145 ff.) in § 407 Abs. 1 (lesen).

(3) Die Leistung an den Nichtberechtigten A könnte gegenüber C wirksam sein, wenn B durch die Zahlung an A von seiner Leistungspflicht frei geworden ist. Da B, als er an A leistete, von der Abtretung der Forderung an C nichts wußte und nichts wissen konnte, muß C als neuer Gläubiger der Forderung die Leistung des B an den bisherigen Gläubiger gem. § 407 Abs. 1 gegen sich gelten. Das bedeutet, daß die Leistung des B an A dem C gegenüber wirksam ist.

Somit ist auch die dritte Voraussetzung von § 816 Abs. 2 erfüllt. C kann die Herausgabe des Geleisteten, der 1 000,– DM, von A verlangen.*

3. Umfang des Bereicherungsanspruches

Für den Umfang des Herausgabeanspruches, der nicht immer so klar erkennbar ist wie im letzten Fall, gilt § 818 (Abs. 1 lesen!).

Vereinfacht ausgedrückt heißt das, daß der Bereicherte all das herauszugeben hat, um das sein Vermögen durch die ungerechtfertigte Bereicherung vermehrt worden ist, d. h., er muß das tatsächlich Erlangte herausgeben. In Fall 34 war dies die Aufwendungsersparnis, die identisch ist mit dem »Wertersatz«, den der Bereicherte gem. § 818 Abs. 2 leisten muß – (Abs. 2 lesen). Typisches *Beispiel* für § 818 Abs. 2, das in Lehrbüchern immer wieder aufgeführt wird, ist folgender »Fall«:

Dem armen Poeten B wird infolge einer Anschriftenverwechselung zu Weihnachten eine Gans ins Haus geschickt. Nachdem B im Glauben an einen edelen Spender den Festbraten mit seiner Familie verzehrt hat, stellt sich die Verwechselung heraus.

B kann die Gans nicht herausgeben; er hat deshalb gem. § 818 Abs. 2 grundsätzlich ihren Wert zu ersetzen. Allerdings ist hierbei sogleich § 818 Abs. 3 zu beachten (lesen!)

■ Was bedeutet diese Vorschrift für unseren Poeten? (Lassen Sie Ihre Phantasie spielen!).

▷ Ob und inwieweit B noch bereichert ist, hängt davon ab, was er eigentlich ursprünglich als Weihnachtsessen zu sich nehmen wollte: Wenn der arme Poet ohne die »zufällig ins Haus geflogene« Gans mit seiner Familie nachweislich nur Bockwürstchen gegessen hätte,

* **Zum Üben empfehle ich Ihnen hierzu die Durcharbeitung von Fall 14 in meiner »Anleitung zur Lösung von Zivilrechtsfällen«, S. 97 ff.**

ist zwar der Wert der Gans (zumindest äußerlich . . .) fortgefallen, aber B ist noch tatsächlich bereichert um den Ersparniswert, d. h. um den Kaufpreis der Würstchen; diesen hat er dem Entreicherten herauszugeben.

Insoweit trägt der Entreicherte grundsätzlich ein Risiko. Allerdings ist der Wegfall der Bereicherung zugunsten des bereicherten Schuldners nur zu berücksichtigen, wenn der Schuldner auch schutzwürdig ist.

Dies ist nicht der Fall, wenn der Bereicherte weiß, daß er etwas ohne rechtlichen Grund erhalten hat; dann weiß er (muß es zumindest wissen!), daß er das Erlangte wieder herausgeben muß und darf es nicht einfach verbrauchen, um sich auf den Wegfall der Bereicherung* gem. § 818 Abs. 3 zu berufen . . . Dies gilt bereits, wenn der Bereicherte nur damit rechnen muß, daß er das Erlangte eventuell herausgeben muß; so z. B. wenn er auf Herausgabe verklagt wurde. Das ergibt sich aus § 818 Abs. 4 (lesen!): »Rechtshängigkeit« bedeutet, daß ein Anspruch durch Klage bei Gericht geltend gemacht wurde. In diesem Fall entfällt für den Bereicherten nicht nur die Möglichkeit, sich auf den Wegfall der Bereicherung zu berufen, sondern er muß das, was er möglicherweise rechtsgrundlos besitzt, besonders sorgfältig behandeln.

Tut er dies nicht, haftet er verschärft nach den »allgemeinen Vorschriften«. Damit verweist § 818 Abs. 4 auf »§ 292« (»allgemeine Vorschriften« in § 818 Abs. 4 unterstreichen und § 292 am Rand notieren!) Lesen Sie § 292 nicht; merken Sie sich nur, daß der (ungerechtfertigt) Bereicherte gem. § 818 Abs. 4 i. V. m. § 292 (und §§ 989, 987, auf die wiederum § 292 verweist) verschärft dafür haftet, wenn er den Bereicherungsgegenstand, den er besitzt, beschädigt oder zerstört, bzw. daß er eventuell daraus gezogene Nutzungen an den Berechtigten (mit)herausgeben muß!

Das gleiche gilt gem. § 819 Abs. 1 (lesen) für den »bösgläubigen« Empfänger einer ungerechtfertigten Bereicherung.

4. Weitere Bereicherungstatbestände

. . . regeln die §§ 813 Abs. 1, 817 S. 1 und 822, mit denen wir uns im Rahmen dieser Grundzüge aber ebensowenig befassen wollen wie mit Feinheiten wie »Saldo-« oder »Zweikondiktionentheorie« zu § 818. Hierzu finden Sie etwas in der »Literatur zur Vertiefung«.

Lesen und lernen Sie zur Zusammenfassung Übersicht 10.

* **Dabei gilt übrigens der Grundsatz »Geld *hat* man!«**

Übersicht 10:

Ungerechtfertigte Bereicherung

Gesetzliche Regelung: §§ 812–822
Inhalt und Zweck: Ausgleich einer ungerechtfertigten Vermögensverschiebung durch Herausgabeansprüche (Kondiktionen, lat. »condictio«)

I. Leistungskondiktionen

Grundvorschrift: § 812 Abs. 1 S. 1, 1. Var.

1. *Voraussetzungen:*
   a) Jemand hat *»etwas erlangt«* (= Bereicherung) – z. B. Besitz und Eigentum an einer Sache (auch Geld ist eine Sache).
   b) durch die Leistung eines anderen
      – *»Leistung«* ist *jede* bewußte und zweckgerichtete Vermehrung fremden Vermögens
      – (»auf dessen Kosten« bedeutet, daß eine unmittelbare Vermögensverschiebung stattgefunden haben muß, d. h. Bereicherung entspricht Entreicherung = Prüfung in Klausuren entbehrlich, da selten zweifelhaft und deshalb oben nicht erwähnt!)
   c) *»ohne rechtlichen Grund«* – Rechtsgrund für eine berechtigte Vermögensvermehrung ist i. d. R. ein schuldrechtlicher Verpflichtungsvertrag (Kausalgeschäft), z. B. Kaufvertrag. –

§ 812 Abs. 1 enthält für den fehlenden Rechtsgrund bei der »Leistungskondiktion« drei Tatbestandsvarianten:

(1) *§ 812 Abs. 1 S. 1, 1. Var.:* rechtlicher Grund bestand von Anfang an nicht
– *Bsp.:* Wirksame Eigentumsübertragung gem. § 929 S. 1 aufgrund eines nichtigen Kaufvertrages (Abstraktionsprinzip!)

(2) *§ 812 Abs. 1 S. 2, 1. Var.:* Rechtsgrund fällt später weg
– *Bsp.:* Leistung des Schuldners wird ohne Verschulden beider Parteien unmöglich (§§ 275, 276, 323), Gläubiger hat schon geleistet

(3) *§ 812 Abs. 1 S. 2, 2. Var.:* (seltener) Der mit der Leistung bezweckte Erfolg tritt nicht ein.
– *Bsp.:* Unterzeichnung von Schuldschein für Darlehen, Darlehen wird nicht ausgezahlt.

2. *Rechtsfolge:*
   Herausgabe des Erlangten – Umfang des Bereicherungsanspruches: § 818 (s. u. III.)

Übersicht 10 Fortsetzung:

II. Eingriffskondiktionen

1. *§ 812 Abs. 1 S. 1, 2. Var.:*
   a) *Voraussetzungen:* (1) *»etwas erlangt«*
      (2) *»in sonstiger Weise«* (= nicht durch Leistung, sondern durch Eingriff in fremdes Vermögen)
      (3) *»ohne rechtlichen Grund«*
   b) *Rechtsfolge:*
      Herausgabe des Erlangten (ggf. Aufwendungsersparnis)
      – *Bsp.:* Eigenmächtiger Gebrauch oder Verbrauch fremder Sachen

2. *§ 816 Abs. 1 – Verfügung eines Nichtberechtigten*
   a) § 816 Abs. 1 S. 1: entgeltliche Verfügung
      aa) *Voraussetzungen:* (1) Nichtberechtigter trifft Verfügung
          (2) Wirksamkeit der Verfügung gegenüber Berechtigtem
      bb) *Rechtsfolge:* wie oben 1 b) = Anspruch gegen den Nichtberechtigten
          – *Bsp.:* Mieter veräußert Mietsache an gutgläubigen Dritten (vgl. § 932)
   b) § 816 Abs. 1 S. 2: unentgeltliche Verfügung
      aa) *Voraussetzungen:* wie oben a) aa)
      bb) *Rechtsfolge:* Herausgabeanspruch gegen den durch die Verfügung Bereicherten
          – *Bsp.:* Mieter verschenkt und übereignet Mietsache

3. *§ 816 Abs. 2: Leistung an Nichtberechtigten*
   a) *Voraussetzungen:* (1) Leistung
      (2) Empfänger nicht zur Annahme berechtigt
      (3) Leistung gegenüber Berechtigtem wirksam
   b) *Rechtsfolge:*
      Nichtberechtigter ist zur Herausgabe des Erlangten verpflichtet
      – *Bsp.:* Schuldner leistet in Unkenntnis einer Abtretung (§ 398) wirksam (§ 407) an den bisherigen Gläubiger

Übersicht 10 Fortsetzung:

III.	*Umfang des Bereicherungsanspruches – § 818 –*
1.	*§ 818 Abs. 1:* Herausgabe des tatsächlich Erlangten
2.	*§ 818 Abs. 2:* Falls nicht möglich, Wertersatz (auch: Aufwendungsersparnis)
3.	*§ 818 Abs. 3:* Keine Herausgabe bei *Wegfall der Bereicherung* (aber Aufwendungsersparnis berücksichtigen = *Bsp.:* »Gans/Würstchen« (s. o.))
4.	*§ 818 Abs. 4:* Abs. 3 gilt nicht bei Rechtshängigkeit des Bereicherungsanspruchs
5.	*§ 819:* § 818 Abs. 3 gilt nicht bei Bösgläubigkeit des Empfängers oder bei Verstoß gegen gesetzliches Verbot oder gegen die guten Sitten (§ 819 Abs. 1 und Abs. 2)

Literatur zur Vertiefung (zu III):

Bähr	§ 15 II
Brox	Bes. SchR, §§ 33–35
Emmerich	§§ 16–18
Klunzinger	§ 56
Musielak	§ 8 III
Schulte	Kapitel 8

IV. Unerlaubte Handlungen

1. Einführung

Unter einer »unerlaubten Handlung« im Sinne der §§ 823–853 versteht man einen widerrechtlich (d. h. ohne »Rechtfertigungsgrund«) und schuldhaft (vorsätzlich oder fahrlässig) vorgenommenen Eingriff in ein vom Gesetz geschütztes absolutes Recht bzw. Rechtsgut einer Person, durch den diese einen Schaden erleidet. Man bezeichnet die unerlaubte Handlung auch als Delikt, was sich aus dem lateinischen »delictum« (= Vergehen) herleitet; das Recht der unerlaubten Handlung wird aufgrund dessen auch als »Deliktsrecht« bezeichnet. Häufig erfüllen Delikte zugleich einen Straftatbestand des Strafgesetzbuches

(StGB); allerdings ist die Strafbarkeit nicht Voraussetzung für ein zivilrechtliches Delikt, das zum Schadensersatz verpflichtet.

Gegenstand des zivilrechtlichen Deliktsrechts ist der Ausgleich bzw. die Wiedergutmachung von Schäden, die durch eine unerlaubte Handlung[181] eingetreten sind. Der Ausgleich wird dadurch erreicht, daß der Schädiger dem Geschädigten den entstandenen Schaden zu ersetzen hat. Grundvorschrift des Rechts der unerlaubten Handlung ist § 823 Abs. 1 (lesen).

Neben den Rechtsgütern Leben, Körper, Gesundheit und Freiheit ist auch das Eigentum geschützt. Auch dabei handelt es sich um ein sog. »absolutes Recht«.

■ Was ein absolutes Recht ist, müßten Sie aus der Einführung in das BGB noch wissen. (Überlegen Sie!)

▷ Ein absolutes Recht ist ein Recht einer Person, das ihr gegenüber jedermann zusteht.

■ Welche Rechte sind von den absoluten Rechten zu unterscheiden und worin besteht der Unterschied?

▷ »Relative Rechte« sind Rechte einer Person, die sich nicht gegen jedermann, sondern nur gegen bestimmte Personen richten, die zu dem Rechtsträger in einer bestimmten Beziehung (= Relation) stehen. Relative Rechte folgen in der Regel aus Schuldverhältnissen, wie z. B. Kauf-, Mietvertrag usw. . . Rechte aus einem Kaufvertrag kann der Käufer nur gegenüber dem Verkäufer geltend machen, nicht aber gegenüber jedem Dritten.

Der Aufzählung der in § 823 Abs. 1 genannten Rechtsgüter und dem Eigentumsrecht folgt die Erwähnung »sonstiger Rechte«.

Das bedeutet, daß damit ebenfalls nur »absolute Rechte«, die (wie auch das Eigentum) gegen jedermann wirken, gemeint sind.

■ Haben Sie eine Vorstellung, welche Rechte unter diesen Begriff fallen können?

▷ Darunter fallen z. B. Namensrechte (vgl. § 12), Firmen-, Patent-, Warenzeichen- und Urheberrechte, Aneignungsrechte wie Jagd-

181 Dabei kann eine unerlaubte Handlung sowohl in einem Tun als auch in einem Unterlassen bestehen. Letzteres z. B., wenn eine Rechtspflicht zum Handeln oder zum Vermeiden einer unerlaubten Handlung besteht. Beispiel dafür ist die »Verkehrssicherungspflicht«, d. h. die allgemeine Rechtspflicht, im (insbes. Rechts-)Verkehr Rücksicht auf die Gefährdung anderer zu nehmen. Die Streupflicht bei Schnee und/oder Glatteis ist beispielsweise besonders zu erwähnen.

und Fischereirechte, das »Recht am eingerichteten und ausgeübten Gewerbebetrieb«[182].

Auch das Anwartschaftsrecht (z. B. des Vorbehaltskäufers), das wir als eigentumsähnliches Recht bereits kennengelernt haben, fällt hierunter und ebenso der Besitz.

2. Der Grundtatbestand des § 823 Abs. 1

Welche Voraussetzungen für einen Anspruch auf Schadensersatz aus § 823 Abs. 1 im einzelnen erfüllt sein müssen, soll der nächste kurze Übungsfall verdeutlichen, der als Schulbeispiel in mehr oder minder abgewandelter Form in einer Vielzahl von Lehr- und Lernbüchern zitiert wird.

Übungsfall 17
Bei einer Schlägerei im Wirtshaus zertrümmert A einen Bierkrug auf dem Kopf des B. B muß zum Arzt und die Wunde nähen lassen. Welche Ansprüche hat B gegen A?

■ Was wird B in erster Linie von A verlangen?

▷ Ersatz für Arztkosten (und: evtl. »Schmerzensgeld«). Anspruchsgrundlage für die Arztkosten könnte § 823 Abs. 1 sein, mit anderen Worten:
»B könnte gegen A einen Anspruch auf Ersatz der Arztkosten gem. § 823 Abs. 1 haben«.

■ Was wäre in einem Gutachten zu tun, wenn wir die mögliche Anspruchsgrundlage gefunden haben?

▷ Prüfung der Voraussetzungen dieser Anspruchsgrundlage!
Man prüft diese Voraussetzungen in folgender Reihenfolge:
(a) *Tatbestandsmäßigkeit* der Handlung des Anspruchsgegners = Rechtsgutverletzung
(b) *Widerrechtlichkeit* bzw. Rechtswidrigkeit des Verhaltens
(c) *Verschulden* des Anspruchsgegners
(d) *Schaden* des Anspruchstellers

a) Tatbestandsmäßigkeit

■ Was muß geschehen sein, damit A den Tatbestand des § 823 Abs. 1 verwirklicht hat?

182 Erforderlich ist eine unmittelbare Beeinträchtigung des Gewerbebetriebes durch einen betriebsbezogenen Eingriff (z. B. Unterbrechung der Stromzufuhr), durch den dem »Inhaber« eines solchen Betriebes ein Schaden entsteht.

▷ A müßte durch eine Handlung eines der von § 823 Abs. 1 geschützten Rechtsgüter bzw. Rechte des B verletzt haben.

A hat sowohl den Körper als auch die Gesundheit des B verletzt. Außerdem wird verlangt, was aus dem Gesetz nicht direkt hervorgeht, aber eigentlich selbstverständlich ist, daß die Handlung des Schädigers für die Rechtsgutverletzung ursächlich gewesen sein muß. Man nennt diese Ursächlichkeit die »haftungsbegründende Kausalität«. In unserem Fall bestehen an der Ursächlichkeit des Schlages mit dem Bierkrug für die Kopfverletzung keine Zweifel. A hat tatbestandsmäßig eine unerlaubte Handlung begangen.

b) Widerrechtlichkeit

Die Handlung des A müßte widerrechtlich gewesen sein. Dies ist der Fall, wenn dem A kein »Rechtfertigungsgrund« zur Seite steht.

Mit dem Begriff der »Widerrechtlichkeit« ist der – überwiegend im Strafrecht verwendete – Begriff der »Rechtswidrigkeit« identisch. Die Feststellung der Widerrechtlichkeit hat die Aufgabe, über die Normwidrigkeit bzw. das Unrecht des schädigenden Verhaltens zu befinden[183].

Das Unrecht und damit die Rechtswidrigkeit des Verhaltens ist ausgeschlossen, wenn die Rechtsordnung das Tun durch einen Rechtfertigungsgrund ausnahmsweise und ausdrücklich gestattet.

Als zivilrechtliche Rechtfertigungsgründe kommen namentlich in Betracht: Notwehr (§ 227), Notstand (§ 228 und § 904), Einwilligung des Verletzten (sonst wäre jeder operative Arzteingriff eine widerrechtliche unerlaubte Handlung in Form einer Körperverletzung!) – auch die »mutmaßliche« Einwilligung kann nach der Rechtsprechung ausreichen (z. B. Operation eines Bewußtlosen) – und Selbsthilfe (§ 229). Lesen Sie die genannten Vorschriften alle durch und vergleichen Sie § 228 genau mit § 904!

■ Worin sehen Sie den wesentlichen Unterschied zwischen diesen beiden Notstandsformen? (Lesen Sie die Paragraphen nochmals und überlegen Sie!)

▷ Man bezeichnet den Tatbestand des § 228 als »defensiven Notstand«, wogegen § 904 den »aggressiven Notstand« beschreibt: Während § 228 die Beschädigung oder Zerstörung einer Sache rechtfertigt, wenn von dieser Sache eine Gefahr droht, rechtfertigt § 904 die Zerstörung oder Beschädigung einer Sache, um eine Gefahr abzuwehren, die von einer anderen Sache droht!

Dazu ein plastisches *Beispiel:* Auf einem Spaziergang durch ein Wohnviertel rast ein zähnefletschender und geifernder Dobermann[184] auf Sie zu. Um sich der Bestie zu erwehren, haben Sie keine andere Möglichkeit, als die nächstbeste Garten-

183 vgl. *Palandt/Thomas*, § 823, Rdnr. 32

184 sehr aggressive und bissige Hunderasse (daß Tiere zivilrechtlich bisweilen als Sachen eingestuft werden, wissen Sie . . .)

zaunlatte abzubrechen, mit der Sie das Tier tierarztreif schlagen . . . Die »Beschädigung« des Hundes ist nach § 228 gerechtfertigt, die Beschädigung des Gartenzaunes nach § 904!

Wenn in einem Sachverhalt (den Sie als Klausurfall lösen müßten) keiner dieser Rechtfertigungsgründe ersichtlich ist, brauchen (dürfen!) Sie diese zur Wissensausbreitung auch nicht »aufzählen«! Dann schreiben Sie nur das, was auch für unseren Übungsfall zutrifft:

Ein Rechtfertigungsgrund für das Handeln des A ist nicht ersichtlich, so daß auch die zweite Anspruchsvoraussetzung von § 823 Abs. 1 erfüllt ist.

c) Verschulden

Damit A in Fall 17 zum Schadensersatz verpflichtet ist, müßte er »vorsätzlich« oder »fahrlässig« gehandelt haben.

Damit wiederholt § 823 Abs. 1 die Begriffe, die § 276 als »allgemeine« Voraussetzungen für das »Verschulden« verwendet. Was »Vorsatz« bedeutet, setzt das BGB als bekannt voraus, während es die Fahrlässigkeit in § 276 Abs. 1 S. 2 definiert (nachlesen!).

Vorsatz hat vor allem im Strafrecht besondere Bedeutung und meint, vereinfacht[185], das Wissen und Wollen der Tatbestandsverwirklichung bzw. des rechtswidrigen Erfolges der Handlung.

»Fahrlässigkeit« kann in verschiedenen Verschuldensgraden vorliegen: § 276 definiert die »mittlere« oder »einfache« Fahrlässigkeit. »Grob fahrlässig« i. S. d. BGB (vgl. z. B. § 300), das diesen Begriff – ohne ihn zu definieren – verwendet, handelt, wer die im Verkehr erforderliche Sorgfalt in besonders hohem Maße außer acht läßt. »Leicht fahrlässig«, wer dies nur in sehr geringem Maß tut . . . Wenn § 823 Abs. 1 »fahrlässiges« Handeln als Haftungsgrund ausreichen läßt, bedeutet das, daß auch leichteste Fahrlässigkeit hierfür genügt. Bei tatbestandsmäßiger, rechtswidriger unerlaubter Handlung wird demnach für jedes, auch für das geringste, Verschulden gehaftet!

Der Umfang der Haftung hängt also nicht vom Grad des Verschuldens ab.

Daß dies manchmal sehr hart sein kann, zeigt etwa folgendes *Beispiel:*

Aufgrund eines leichten Versehens des A fällt von seinem Balkon im vierten Stock ein schwerer Blumentopf auf die Straße und tötet den Passanten B, der eine Ehefrau und vier Kinder hinterläßt.

■ Überlegen Sie, welchen Schaden A ersetzen muß! Lassen Sie Ihre Phantasie spielen und suchen Sie im Recht der unerlaubten Handlungen und im Index nach einer Lösung! Was ist passiert? Wie läßt sich das rechtlich qualifizieren?

▷ Wenn Sie die Überschriften der Vorschriften des Rechts der unerlaubten Handlungen überflogen haben, müßten Sie auf die §§ 844 und 845 gestoßen sein! (Beide Vorschriften durchlesen!)

185 vgl. *Lackner*, § 15, Rdnr. 3

Das kann also ganz schön teuer werden, und dem Schädiger hilft dann nur noch eine gute Versicherung. Entscheidende Bedeutung hat der Grad des Verschuldens bei der unerlaubten Handlung des Schädigers deshalb im Versicherungsrecht: Gem. § 152 VVG und § 4 Abs. 2 Nr. 1 der »Allgemeinen Versicherungsbedingungen für die Haftpflichtversicherung« (AHB) haftet nämlich der Haftpflichtversicherer nicht für Vorsatz des Versicherungsnehmers, wohl aber für alle Arten der Fahrlässigkeit. Dagegen entfällt die Leistungspflicht des Versicherers in allen übrigen Zweigen der Schadensversicherung gem. § 61 VVG bei vorsätzlicher und grob fahrlässiger Herbeiführung des Versicherungsfalles. Somit bleibt dem Versicherungsnehmer der Versicherungsschutz nur bei leicht fahrlässigen Handlungen erhalten.

Im vorliegenden Fall bestehen am Verschulden des A keine Zweifel; A hat vorsätzlich gehandelt!

d) Schaden

Schließlich müßte dem B durch die unerlaubte Handlung des A ein Schaden entstanden sein, und zwar muß die Handlung des A für diesen Schaden ursächlich sein (= »haftungsausfüllende Kausalität«).

■ Ist diese Voraussetzung in unserem Fall erfüllt?

▷ Es ist ganz offensichtlich, daß B durch die Kopfverletzung und die dadurch anfallenden Arztkosten einen Schaden erlitten hat. Ebenso klar ist auch die Ursächlichkeit der Handlung des A für den Eintritt dieses Schadens.

Daß dies aber nicht immer so eindeutig feststellbar ist wie hier, zeigt die Abwandlung unseres Übungsfalles, die wir uns ansehen wollen, bevor wir nochmals zum Ausgangsfall zurückkehren, um uns mit den Rechtsfolgen zu befassen.

e) Adäquater Kausalzusammenhang

Übungsfall 18	*(Abwandlung zu Fall 17)*
A hat mit dem Krug so fest zugeschlagen, daß der Arzt den B ins Krankenhaus einweisen mußte. Dort wird die Verletzung des B endgültig geheilt, doch steckt er sich bei seinem Nachbarn an, der einen Grippevirus eingeschleppt hat. B muß deshalb zwei weitere Wochen im Krankenhaus bleiben. Muß A auch für den daraus entstandenen Schaden haften?	

■ Prüfen Sie den Fall so durch, wie Sie es bei Fall 17 gelernt haben: Formulieren Sie die Anspruchsgrundlage und stellen Sie fest, ob alle (vier) Voraussetzungen für den Anspruch des B gegen A erfüllt sind! Was könnte im Unterschied zum vorigen Fall zweifelhaft sein?

▷ Es ist nicht mehr so klar, ob eine tatbestandsmäßige, widerrechtliche und schuldhafte Handlung des A für den infolge der Ansteckung eingetretenen Schaden ursächlich war.

■ Wie würden Sie diese Frage intuitiv beantworten?

▷ Nach streng logischen Grundsätzen muß man diese Frage wohl bejahen: Ohne den Schlag mit dem Bierkrug des A wäre B nicht zum Arzt und nicht ins Krankenhaus gekommen. Wäre er nicht ins Krankenhaus gekommen, hätte er sich nicht angesteckt. Bei nur logischer Betrachtungsweise würde diese Ursachenkette allerdings kein Ende nehmen, und man könnte schließlich auch noch die Eltern des A haftbar machen; denn wenn sie A nicht in die Welt gesetzt hätten, hätte A den B auch nicht verletzen können . . .

Für die rechtliche Verantwortung des Schädigers muß der logischen Ursachenkette deshalb eine Grenze gesetzt werden!

Im Zivilrecht ist darum nur *die* Handlung für den eingetretenen Schaden ursächlich bzw. kausal, die vom Standpunkt eines objektiven Beobachters geeignet ist, unter normalen und vorhersehbaren Umständen diesen konkret eingetretenen Schaden herbeizuführen; anders ausgedrückt: der Erfolg der schädigenden Handlung darf nicht außerhalb aller Wahrscheinlichkeit liegen, sondern Handlung und Erfolg müssen in einem angemessenen bzw. adäquaten Kausalzusammenhang stehen. Man nennt diese theoretische Einordnung des Kausalzusammenhanges »Adäquanztheorie«.

In unserem Fall, der von der Rechtsprechung in ähnlicher Form schon öfter zu entscheiden war, wird die Kausalität derjenigen Handlung, die den Krankenhausaufenthalt unmittelbar erforderlich machte, auch bezüglich der dort folgenden Infektion noch bejaht, da die Ansteckungsgefahr in Krankenhäusern erheblich größer ist als andernorts.

Der Schadensersatzanspruch des B gegen A aus § 823 Abs. 1 ist auch in Fall 18 in vollem Umfang begründet.

3. Rechtsfolgen – Umfang des Schadensersatzes

a) Anwendung der allgemeinen Regeln

Rechtsfolge des Anspruches ist, daß A dem B den entstandenen Schaden ersetzen muß. In welchem Umfang Schadensersatz zu leisten ist,

ist in den §§ 823 ff. nicht gesondert geregelt; denn es gilt nichts anderes als bei allen Schadensersatzansprüchen, die aus anderen (z. B. »p. V. V.«) Anspruchsgrundlagen begründet sind. Für die Feststellung des Schadensumfanges gelten die einschlägigen Vorschriften des »Allgemeinen Schuldrechts«!

■ Welche sind dies? (Wenn Sie sich nicht mehr erinnern, blättern und suchen Sie im Gesetzestext bzw. im Index, um sich in der Handhabung des Gesetzes zu üben!)

▷ Wenn Sie dies getan haben, haben Sie sicherlich die §§ 249 ff. gefunden . . . – Lesen Sie § 249!
Das bedeutet (§ 249 S. 1), daß der Geschädigte so zu stellen ist, wie er ohne Eintritt des schädigenden Ereignisses gestanden hätte.

■ Was kann B von A danach verlangen?

▷ Arzt- und Krankenhauskosten.

■ Woran könnte man im vorliegenden Fall, in dem B an Körper und Gesundheit verletzt wurde und insofern auch einen immateriellen Schaden hatte, weiterhin denken?

▷ An einen Anspruch auf Schmerzensgeld!

Dann müßte es, wie aus § 253 folgt, eine Vorschrift geben, die einen solchen Schadensersatzanspruch vorsieht (§ 253 lesen!).

■ Sinnvollerweise, da es um einen Schadensersatzanspruch aus unerlaubter Handlung geht, suchen Sie diese Vorschrift in den §§ 823 ff. (*Tun* Sie das!).

▷ Wenn Sie die Überschriften der Paragraphen überflogen haben, haben Sie § 847 gefunden! Lesen Sie davon Abs. 1.

b) Schmerzensgeld

Der Schmerzensgeldanspruch bildet zwar einen selbständigen Anspruch neben dem Ersatz von Arzt- und Heilungskosten[186], doch ist § 847 allein keine Anspruchsgrundlage[187], sondern setzt immer einen Anspruch aus unerlaubter Handlung (sei es aus § 823 Abs. 1 oder einem der unten aufgeführten Sondertatbestände) voraus.

In den Fällen 17 und 18 sind die Voraussetzungen für einen Schmerzensgeldanspruch des B gegen A erfüllt.

■ Welche naheliegende Frage beantwortet § 847 allerdings nicht? Versetzen Sie sich in die Lage des Anspruchstellers! Was wollen Sie vom Richter wissen?

186 vgl. *Palandt/Thomas*, § 847, Rdnr. 1
187 so auch *Alpmann und Schmidt*, SchR. BT 4, S. 158 m. w. N.

▷ Sie wollen wissen, was der Richter als »billige Entschädigung« für die erlittenen Schmerzen gewährt! Über die Höhe des Schmerzensgeldes sagt § 847 indessen nichts aus!

»Billige Entschädigung« bedeutet, daß die Festsetzung in das Ermessen des Richters gestellt ist. Entscheidend für die Bemessung ist vor allem das Maß der physischen und psychischen Schmerzen, die dem Verletzten zugefügt wurden[188].

Weitere Bemessungsgrundlagen sind z. B. die persönlichen Vermögensverhältnisse des Verletzten und des Schädigers, die Größe, Dauer, Heftigkeit der Schmerzen, die Dauer der stationären Behandlung, der Arbeitsunfähigkeit sowie der Trennung von der Familie u. a. mehr.

In der Praxis gibt es als Hilfe für die richterliche Entscheidung sog. »Schmerzensgeldtabellen«. In ihnen sind eine Vielzahl von Gerichtsentscheidungen aufgeführt, wobei jeweils die Art und Schwere der Verletzungen sowie Alter, Geschlecht und berufliche Stellung des Verletzten angegeben sind und schließlich der Betrag, der von den Gerichten im jeweiligen Fall zuerkannt wurde[189].

c) Verdienstausfall (Erwerbs- und Fortkommensschaden)

Da wir unsere Fälle nicht nur klausurmäßig lösen wollen oder müssen, sondern sie benutzen wollen, um das Recht (hier = der unerlaubten Handlungen) kennenzulernen, dürfen wir uns auch die Frage stellen »Was wäre wenn?«:

■ Was wäre z. B., wenn B berufstätig wäre? Könnte B von A gegebenenfalls auch seinen Verdienstausfall ersetzt verlangen? Wenn ja, aufgrund welcher Vorschrift?

▷ Eigentlich genügt dazu schon § 249 S. 1! (= »alter« Zustand ist herzustellen).

Außerdem folgt der Ersatz von Verdienstausfall auch aus § 842 (lesen!), der angesichts der allumfassenden Vorschrift von § 249 S. 1 eigentlich überflüssig wäre. § 842 ist als Klarstellung aufzufassen, daß auch Erwerb und Fortkommen des Verletzten im Schutzbereich der Vorschriften über die gegen Personen gerichtete unerlaubten Handlungen liegen[190].

d) Mitverschulden des Geschädigten

Während der Grad des Verschuldens für den Umfang der Haftung nach den §§ 823 ff. keine Bedeutung hat, kann sich andererseits eine

188 Neben der »Ausgleichsfunktion«, die jedem Schadensersatzanspruch immanent ist, hat das Schmerzensgeld auch eine »Genugtuungsfunktion« = Schlagworte, die gerne in mündlichen Prüfungen »abgefragt« werden . . .

189 z. B. Hacks/Ring/Böhme, Schmerzensgeld-Beträge

190 vgl. *Jauernig*, § 842, Anm. 1 m. w. N.

Haftungsminderung ergeben, wenn den Geschädigten an dem Eintritt des Schadens ein Mitverschulden trifft.

Dies folgt aus § 254 (ganz lesen!).

Beispiel 1:
Wenn ein Autofahrer einen Fußgänger auf dem Zebrastreifen anfährt und dieser dadurch verletzt wird, liegt in der Regel eine allein vom Fahrer verschuldete unerlaubte Handlung vor.

Nähert sich dieser Fahrer aber in vorschriftsmäßig niedrigem Tempo vorsichtig dem Zebrastreifen und ein Fußgänger läuft sozusagen im letzten Augenblick leichtsinnig, obwohl die Fußgängerampel »Rot« zeigt, über die Straße und wird von dem Autofahrer verletzt, muß der Richter zwischen dem Verhalten des Autofahrers und dem des Fußgängers abwägen und bei der Festsetzung des Schadens gem. § 254 das Mitverschulden des Geschädigten berücksichtigen (= § 254 Abs. 1).

Beispiel 2:[191]
Ein Bankkunde benötigt dringend die Ausführung einer Geldüberweisung noch am selben Tage, weil ihm anderenfalls ein Patent verlorengeht.

Unterläßt er den Hinweis der Dringlichkeit, trifft ihn ein Mitverschulden an dem durch den Verlust des Patentes entstandenen Schaden (= § 254 Abs. 2, S. 1, 1. Var.).

Beispiel 3:
Der Geschädigte ist nach einem Verkehrsunfall berechtigt, sich auf Kosten des Schädigers einen Mietwagen zu nehmen.

Ist sein beschädigtes Auto ein »Trabant«[192] gewesen, muß er sich ein gleichwertiges[193] Fahrzeug, darf sich nicht etwa einen »Rolls Royce« mieten. Tut er es dennoch, verstößt er gegen seine »Schadensminderungspflicht« (= § 254 Abs. 2, S. 1, 2. Var.).

Wir wollen uns das bisher zum Recht der unerlaubten Handlung Gelernte anhand einer Übersicht (11 – Teil 1) ansehen, bevor wir weitere Vorschriften aus dem Recht der unerlaubten Handlung kennenlernen.

191 nach *Brox*, Allg. SchR., Rdnr. 359
192 Fortbewegungsmittel mit vier Rädern, das von weniger verwöhnten Zeitgenossen als »Auto« bezeichnet wird . . .
193 sofern es so etwas gibt – vgl. Fn. 192

Übersicht 11 (Teil 1):

Das Recht der unerlaubten Handlungen (Deliktsrecht)

Gesetzliche Regelung: *§§ 823–853*
Zweck: Ausgleich und Wiedergutmachung von Schäden. Unerlaubte Handlung (Delikt; lat. delictum = Vergehen) ist ein widerrechtlicher und schuldhafter Eingriff in ein vom Gesetz geschütztes absolutes Rechtsgut, durch den ein Schaden entsteht.

Grundtatbestand: § 823 Abs. 1

I. *Voraussetzungen*

1. *Tatbestandsmäßigkeit* der Handlung des Schädigers
   a) Verletzung eines der in § 823 Abs. 1 genannten absoluten Rechte (»sonstige Rechte«: z. B. Namens- (§ 12), Firmen-, Patent-, Urheber-, Warenzeichenrechte, Anwartschaftsrecht . . .)
   b) Ursächlichkeit der Handlung für die Rechtsgutverletzung *(haftungsbegründende Kausalität)*
2. *Widerrechtlichkeit*
   – liegt vor, wenn kein Rechtfertigungsgrund (z. B. Notwehr, Einwilligung) ersichtlich ist
3. *Verschulden* = Vorsatz oder Fahrlässigkeit
4. *Schaden*
   Handlung muß für den eingetretenen Schaden ursächlich (kausal) gewesen sein *(haftungsausfüllende Kausalität)*. Eine Handlung ist für den eingetretenen Erfolg (Schaden) kausal, wenn sie vom Standpunkt eines obj. Beobachters geeignet ist, unter normalen Umständen diesen Erfolg herbeizuführen, d. h. der Erfolg darf nicht außerhalb jeder Wahrscheinlichkeit liegen, sondern Handlung und Erfolg müssen in adäquatem (angemessenem) Kausalzusammenhang stehen. = *»Adäquanztheorie«*

II. *Rechtsfolge*

Schadensersatz:
Für den Umfang des Schadens gelten die §§ 249 ff.!
(Immaterieller Schaden: § 253 → § 847) Vgl. außerdem §§ 842 ff.

4. Sondertatbestände

Neben der Grundvorschrift des § 823 Abs. 1 enthält das Recht der unerlaubten Handlung noch eine Reihe von »Sondertatbeständen«, deren Verwirklichung ebenfalls zum Schadensersatz verpflichtet.

a) Verletzung eines Schutzgesetzes i. S. v. § 823 Abs. 2

Lesen Sie § 823 Abs. 2 S. 1!

»Schutzgesetze« sind z. B. die meisten Vorschriften des Strafgesetzbuches, mit denen Sie sich aber nicht ausführlicher beschäftigen müssen. Da das Strafrecht nicht zu Ihrem Lehrstoff gehört, hätten Sie z. B. in unseren Fällen 17 und 18 in einer Klausur nicht prüfen und feststellen müssen, daß A auch den Straftatbestand der Körperverletzung (§ 223 StGB) erfüllt hat und der Anspruch des B sich außer auf § 823 Abs. 1 auch auf § 823 Abs. 2 i. V. m. § 223 StGB stützen ließe. (Wenn in Klausuren § 823 Abs. 2 i. V. m. einem Strafgesetzparagraphen zu prüfen ist, wird Ihnen der Inhalt der strafrechtlichen Vorschrift mitgeteilt.)

Sie müssen wissen, daß die beiden Absätze von § 823 zwei verschiedene Anspruchsgrundlagen darstellen, die nebeneinander eingreifen können. Unter einem Schutzgesetz i. S. v. § 823 Abs. 2 versteht man jede Rechtsnorm, die nicht nur die Allgemeinheit schützt, sondern unmittelbar den Schutz eines einzelnen bezweckt. Schutzgesetze sind unter anderem auch Vorschriften der StVO und des StVG.

Im Zusammenhang mit § 823 Abs. 2 S. 1, in dem es um die Verletzung eines Schutzgesetzes geht, wurde die für die Feststellung der Ursächlichkeit zwischen schädigender Handlung und eingetretenem Schaden geltende Adäquanztheorie noch ergänzt. Neben dem adäquaten Kausalzusammenhang muß darüber hinaus festgestellt werden, daß der verursachte Schaden noch im Schutzbereich der verletzten Vorschrift bzw. der verletzten »Norm« liegt (= sog. »Normzwecktheorie«).

Was dies bedeutet, verdeutlicht man sich am besten an einigen *Beispielen:* § 263 StGB stellt den »Betrug« unter Strafe. Zugleich ist § 263 ein Schutzgesetz i. S. v. § 823 Abs. 2 S. 1. D. h., zivilrechtlich ist der Betrüger dem Betrogenen zum Schadensersatz verpflichtet. Das Rechtsgut, das von § 263 StGB geschützt werden soll, ist das Vermögen, das übrigens nicht unter die in § 823 Abs. 1 genannten »sonstigen Rechte« fällt!

■ Zwischenfrage: Warum nicht? Wie hatten wir die »sonstigen Rechte« i. S. v. Abs. 1 klassifiziert?

▷ Als »absolute Rechte«, wie das dort genannte Eigentum, im Gegensatz zu den »relativen Rechten«, die nur zwischen zwei bestimmten Parteien eines Schuldverhältnisses gelten.

Ein relatives Recht ist z. B. auch eine Kaufpreisforderung.

■ Wie würden Sie den Begriff »Vermögen« definieren? Was gehört alles dazu? (Überlegen Sie!)

▷ Unter Vermögen wird im Zivilrecht regelmäßig die Gesamtheit der »Aktiva« verstanden, die einem Rechtssubjekt zustehen. Dies sind alle Rechte, sowohl absolute, dingliche Rechte wie das Eigentum oder Anwartschaftsrechte als auch ein Erbrecht oder Forderungen aus Schuldverhältnissen. Da vom »Vermögen« somit auch »relative Rechte« umfaßt werden, kann das Vermögen kein sonstiges, »absolutes,« Recht i. S. v. 823 Abs. 1 sein!

Doch zurück zu § 823 Abs. 2 und zum Schutzbereich der Norm § 263 StGB. Geschützt werden sollen durch § 263, wie angedeutet, reine Vermögensschäden. Wenn der Geschädigte durch den Betrug einen Vermögensschaden von 10 000,– DM hat, muß der Schädiger diesen gem. § 823 Abs. 2 S. 1 i. V. m. § 263 StGB ersetzen.

Wenn der Geschädigte vor lauter Schreck über den Vermögensverlust einen Schock bekommt und deswegen Arztkosten aufwenden muß, ist dieser Schaden nicht mehr gem. § 823 Abs. 2 S. 1 i. V. m. § 263 StGB zu ersetzen, da er nicht mehr unter den sog. »Schutzbereich der Norm« des § 263 StGB fällt! Diese Normzwecktheorie gilt nicht nur bei Verletzung eines Schutzgesetzes i. S. v. § 823 Abs. 2, sondern darüber hinaus bei allen Schadensersatzansprüchen.

So ist z. B. auch bei einem Anspruch aus § 823 Abs. 1 stets zu erwägen, ob der geltend gemachte Schaden innerhalb des Schutzzwecks der verletzten Norm liegt. Zu prüfen ist, ob die Norm, gegen die der Schädiger verstoßen hat, den Zweck hatte, gerade eine Rechtsgutverletzung der eingetretenen Art zu verhindern. Dies hat der BGH[194] z. B. verneint, als aufgrund einer ärztlichen Untersuchung nach einer Körperverletzung eine bis dahin verborgene Krankheit entdeckt wurde, die dazu führte, daß der Geschädigte früher pensioniert wurde und dadurch einen weiteren Schaden erlitt.

Sofern ein Verstoß gegen ein Schutzgesetz auch ohne Verschulden möglich ist, soll die Schadensersatzpflicht aus unerlaubter Handlung nur eintreten, wenn Verschulden vorliegt (§ 823 Abs. 2 S. 2). Der Grundsatz der Verschuldenshaftung erfährt nur durch wenige Einzelvorschriften Ausnahmen bzw. Einschränkungen. Einige davon sollen Sie abschließend noch kennenlernen.

194 Nachweise bei *Palandt/Heinrichs*, Vorbem. vor § 249, Rdnr. 62–64

b) Haftung des Grundstücks- bzw. Gebäudebesitzers

Übungsfall 19	
P parkt sein Auto an einer Parkuhr in einer bewohnten Straße. Durch einen Windstoß löst sich ein Dachziegel vom Haus des H und zerstört die Windschutzscheibe und Kühlerhaube vom Auto des P. P muß dafür 2 000,– DM Reparaturkosten aufwenden. Kann P von H Ersatz dieses Schadens verlangen?	

■ Kommt ein Schadensersatzanspruch des P gegen H aus § 823 Abs. 1 in Betracht? Überlegen Sie, in welcher Reihenfolge die vier Anspruchsvoraussetzungen zu prüfen sind und prüfen Sie die erste, bevor Sie weiterlesen!

▷ H müßte durch eine unerlaubte Handlung (Tun oder Unterlassen) eines der in § 823 Abs. 1 genannten Rechtsgüter des P verletzt haben. Im vorliegenden Fall ist das Eigentum des P verletzt worden. Dafür war weder ein Tun noch ein Unterlassen des H ursächlich, sondern ein Windstoß. Es fehlt an der Tatbestandsmäßigkeit, insbesondere an der haftungsbegründenden Kausalität einer unerlaubten Handlung des H.

Da es nicht billig erscheint, daß P den Schaden tragen soll, hat der Gesetzgeber dies in der Sondervorschrift des § 836 berücksichtigt (§ 836 Abs. 1 lesen!).

Voraussetzungen für diesen Anspruch sind:

(1) Einsturz eines Gebäudes oder Ablösung eines Teiles davon.
(2) Dadurch Tod oder Verletzung eines Menschen oder Beschädigung einer Sache.
(3) Einsturz oder Ablösung erfolgte aufgrund fehlerhafter Errichtung oder Unterhaltung durch Grundstücksbesitzer[195].

■ Prüfen Sie, ob diese Voraussetzungen im vorliegenden Fall gegeben sind!

▷ Die Subsumtion des Sachverhaltes unter die Voraussetzungen (1) und (2) hat Ihnen sicher keine Schwierigkeiten bereitet. Fraglich ist, ob auch die dritte Voraussetzung erfüllt ist.
Dies ist aus dem Sachverhalt nicht ersichtlich.

Wichtig ist zu wissen, daß diese Voraussetzung schon erfüllt ist, wenn der Gebäudebesitzer nicht nachweisen kann, daß er die im Verkehr er-

195 Falls Grundstücks- und Gebäudebesitzer nicht identisch sind, haftet gem. § 837 der Gebäudebesitzer!

forderliche Sorgfalt beachtet hat. Notfalls wird in der Praxis ein Sachverständigengutachten herangezogen.

Grundsätzlich wird bezüglich der Tatbestandserfüllung von § 836 Abs. 1 S. 1 ein Verschulden des Grundstücksbesitzers vermutet. Von dieser Verschuldensvermutung kann er sich aber gem. § 836 Abs. 1 S. 2 entlasten (S. 2 nochmals lesen!).

Als Ergebnis unseres Ausgangsfalles können wir festhalten, daß der Anspruch des P gegen H aus § 836 begründet ist, wenn H nicht nachweisen kann, daß er bezüglich der Errichtung oder der Unterhaltung die im Verkehr erforderliche Sorgfalt beachtet hat.

c) Haftung des Geschäftsherrn für Verrichtungsgehilfen

Übungsfall 20	*(Abwandlung zu Fall 19)*
Wie wäre es, wenn sich der Dachziegel nicht durch einen Windstoß, sondern durch eine Unachtsamkeit des Gesellen G des Dachdeckermeisters M gelöst hätte?	

■ Welche Anspruchsgrundlage kommt in diesem Fall in Betracht? Gegen wen kann P möglicherweise Ansprüche geltend machen? Überlegen Sie selbst!

▷ Zunächst ist an einen Anspruch des P gegen den Gesellen G aus § 823 Abs. 1 zu denken.
Prüfen wir dessen Voraussetzungen:
(1) Tatbestandsmäßigkeit?
G hat durch eine Handlung die Verletzung des Eigentums des P verursacht (zur haftungsbegründenden Kausalität von Handlung und Rechtsgutverletzung sind in einer Klausur nur Ausführungen zu machen, wenn die Kausalität zweifelhaft erscheint).
(2) Widerrechtlichkeit?
Keine Rechtfertigungsgründe ersichtlich!
(3) Verschulden?
Unachtsamkeit = Fahrlässigkeit! (Lesen Sie nochmals § 276 Abs. 1!)
(4) Schaden?
Reparaturkosten für das beschädigte Eigentum (Auto) = 2 000,– DM. Die fahrlässige Handlung war dafür auch kausal: Es liegt nicht außerhalb der Wahrscheinlichkeit, daß ein herabfallender Dachzie-

gel ein auf der Straße parkendes Auto beschädigt . . . (Adäquanztheorie – oben S. 142 f. nachlesen!).

Rechtsfolge: Schadensersatz durch G. Umfang: § 249 = Naturalherstellung!

Nehmen wir an, Geselle G ist nicht in der Lage, den Schaden zu bezahlen, weil er nicht genügend liquide Mittel hat.

■ An wen würden Sie sich als Geschädigter wenden?

▷ An den Meister M, für den G tätig wurde.

■ Welche Anspruchsgrundlage kommt für P in Betracht? Überfliegen Sie die Vorschriften der §§ 823 ff. . . .

▷ Die Überschrift zu diesem Unterabschnitt c) (oben auf S. 151) lautet: »Haftung des Geschäftsherrn für Verrichtungsgehilfen«! Fast identisch ist die Überschrift von § 831, den Sie sicher gefunden haben. Lesen Sie Abs. 1!

Anspruchsgrundlage für P gegen M ist § 831 Abs. 1 S. 1, der eine Haftung für vermutetes Verschulden festlegt! Prüfen wir die

aa) Voraussetzungen von § 831 Abs. 1 S. 1

Damit der Schadensersatzanspruch des P gegen M begründet sein kann, müssen vier Voraussetzungen vorliegen, die wir sofort auf unseren konkreten Fall bezogen untersuchen:

(1) G müßte Verrichtungsgehilfe des M sein. Merkmal des Verrichtungsgehilfen ist die weisungsgebundene Tätigkeit für einen anderen, den »Geschäftsherrn«. Im Verhältnis Geselle – Meister ist dieses Merkmal gegeben.

(2) G müßte dem P widerrechtlich (nicht schuldhaft![196] – der Geschäftsherr haftet für sein eigenes Verschulden – s.u.: bb) einen Schaden zugefügt haben, d. h., G müßte tatbestandsmäßig und widerrechtlich eine unerlaubte Handlung i. S. d. §§ 823 ff. begangen haben[197]. Daß dies geschehen ist, wurde oben bei der Kurzprüfung des Anspruches aus § 823 Abs. 1 gegen G bejaht.

(3) G müßte die unerlaubte Handlung »in Ausführung der (weisungsgebundenen) Verrichtung«[198] verübt haben. Diese Voraussetzung ist erfüllt, da G in Erfüllung eines Arbeitsvertrages mit M handelte.

(4) Dem Anspruchsteller (P) müßte ein Schaden entstanden sein, für den die unerlaubte Handlung (des G) ursächlich war (»haftungsausfüllende Kausalität«).

196 vgl. *Palandt/Thomas*, § 831, Rdnr. 11

197 vgl. *Brox*, Bes. SchR., Rdnr. 474

198 Wenn G anläßlich seiner Dachdeckerarbeiten bei H (z. B. in der Mittagspause) einen Diebstahl begangen hätte, wäre dies nicht mehr »in Ausübung der Verrichtung« geschehen, sondern »bei Gelegenheit« dieser Verrichtung. § 831 Abs. 1 kann dann nicht angewendet werden!

Auch diese Voraussetzung ist gegeben, wie bereits oben (= Anspruch gegen G aus § 823 Abs. 1) festgestellt.

bb) Rechtsfolgen

Da alle Voraussetzungen erfüllt sind, ist ein Anspruch des P gegen M aus § 831 Abs. 1 S. 1 grundsätzlich begründet.

Allerdings hat M die Möglichkeit, sich für das nach § 831 Abs. 1 S. 1 vermutete Verschulden gem. § 831 Abs. 1 S. 2 zu entlasten – lesen!

Dieser sog. »Entlastungsbeweis bzw. Exkulpationsbeweis« ist zum einen erbracht, wenn der Geschäftsherr nachweisen kann, daß er seinen Gehilfen z. B. aufgrund guter Zeugnisse und guten Leumundes sorgfältig ausgewählt bzw. eingestellt hat, und daß der Geselle schon jahrelang äußerst sorgfältig und zuverlässig gearbeitet hat. Anders ausgedrückt: Der Exkulpationsbeweis ist erbracht, wenn der Geschäftsherr nachweisen kann, daß ihn bezüglich der Tätigkeit des Verrichtungsgehilfen ein »Auswahl- und Überwachungsverschulden« nicht trifft.

Zum anderen ist der Exkulpationsbeweis i. S. d. § 831 Abs. 1 S. 2 erbracht, wenn der Geschäftsherr nachweisen kann, daß der Schaden auch bei Anwendung der im Verkehr erforderlichen Sorgfalt entstanden wäre (= Kausalzusammenhang zwischen Auswahl- bzw. Überwachungsverschulden und Schaden darf nicht vorhanden sein).

Da unser Fall hierzu keine Angaben enthält, würde man in einer Klausur z. B. nach Prüfung der Voraussetzungen von § 831 Abs. 1 S. 1 als Ergebnis folgendes festhalten:

»P hat gegenüber M einen Anspruch auf Schadensersatz gem. § 831 Abs. 1 S. 1. Dieser Anspruch wäre allerdings nicht durchsetzbar, wenn M sich gem. § 831 Abs. 1 S. 2 exkulpieren kann, d. h. insbesondere, M müßte nachweisen, daß ihn bezüglich seines Gesellen G kein Auswahl- oder Überwachungsverschulden trifft«.

In der Praxis wird dem Geschäftsherrn der Entlastungsbeweis häufig gelingen, so daß der Geschädigte auf einen Schadensersatzanspruch gegen den –i. d. R. finanzschwächeren – Gehilfen aus § 823 Abs. 1 angewiesen ist.

cc) Verhältnis von § 831 Abs. 1 zu § 278

Sofern Sie bei der Lektüre des Begriffes »Verrichtungsgehilfe« an den »Erfüllungsgehilfen«[199] gedacht haben, war das durchaus naheliegend, aber nur, um sich die wesentlichen Unterschiede zwischen diesen beiden Gehilfentypen bzw. bezüglich der Voraussetzungen und Folgen ihres Auftretens für den »Geschäftsherrn« zu verdeutlichen! Lesen Sie nochmals Übersicht 14[200] und vergleichen Sie diese mit nachstehender Übersicht 11 (Teil 2):

Übersicht 11 (Teil 2):

Haftung für den Verrichtungsgehilfen

§ 831 Abs. 1

↓

Bedeutung:
- ist eine eigene Anspruchsgrundlage gegen den Geschäftsherrn

↓

Voraussetzungen:
- setzt kein bestehendes Schuldverhältnis voraus
- setzt voraus, daß Verrichtungsgehilfe für den Geschäftsherrn weisungsgebunden tätig wird und dabei eine tatbestandsmäßige und widerrechtliche unerlaubte Handlung begeht

↓

Rechtsfolge:
- begründet Haftung des Geschäftsherrn für eigenes (vermutetes) Verschulden (»Auswahl- und Überwachungsverschulden)
- läßt (im Gegensatz zu § 278) Entlastungs- (Exkulpations-)beweis zu

d) Gefährdungshaftung

Während das Recht der unerlaubten Handlungen grundsätzlich vom (ggf. vermuteten) Verschulden ausgeht, sieht das Gesetz eine Haftung auch für solche Fälle vor, in denen der Schaden durch eine zwar recht-

199 vgl. dazu Fall 18, Teilband 1, S. 128 ff.
200 in: Teilband 1, S. 132

mäßige, aber für andere mit möglichen Gefahren verbundene Tätigkeit verursacht wird[201].

Diese »Gefährdungshaftung« ist namentlich eine Reaktion des Rechts auf die Gefahren der Industriegesellschaft[202]. Auslöser für diese Haftung ist allein schon die von der bloßen Inbetriebnahme einer Einrichtung ausgehende Gefährdung. Der Halter dieser Einrichtung (auch: der Halter eines sog. »Luxustieres«[203]) haftet ohne Verschulden, wenn durch den Betrieb der Einrichtung (oder: durch das Tier) andere einen Schaden erleiden, da es dem Geschädigten im Regelfall nicht möglich oder zumutbar ist, ein Verschulden des Halters nachzuweisen[204].

Die wichtigsten Vorschriften, die eine Gefährdungshaftung begründen, sind:

- § 7 Abs. 1 StVG = »Haftung des Kfz-Halters« (u. ggf. des Fahrers)
- § 1 Abs. 1 HaftpflG = »Haftung des Bahnunternehmers«
- §§ 33 ff. LuftVG = »Haftung des Halters eines Luftfahrzeuges«
- §§ 25 ff. AtomG = »Haftung für Kernenergie-Anlagen«
- § 22 WHG = »Haftung für Gewässerverunreinigung«
- §§ 29 ff. BJagdG = »Haftung für Wildschäden«
- §§ 114 ff. BBergG = »Haftung für Bergschäden«
- § 833 BGB = »Haftung des Tierhalters«

Lesen Sie zum Abschluß des Rechts der unerlaubten Handlungen und zugleich zum Abschluß des »Besonderen Schuldrechts« die zusammenfassende Übersicht 11 (Teil 3) auf der folgenden Seite.

e) Produzenten- und Produkthaftung

Unter Produkthaftung versteht man die Verpflichtung, für Schäden zu haften, die aus der Benutzung, aus dem Gebrauch oder Verbrauch von fehlerhaften Produkten entstehen[205]. Der Schutz des Verbrauchers vor mangelhaften oder gefährlichen Produkten ist in den letzten Jahrzehnten zunehmend aktuell geworden. Kommt es zu Schäden bei den Verbrauchern, scheidet eine *vertragliche* Haftung des (Waren-)Produzen-

201 vgl. *Brox* Bes. SchuldR., Rdnr. 532
202 *Deutsch*, Rdnr. 7
203 Im Gegensatz zum Haustier, das (z. B. von einem Landwirt) von Berufs wegen zur Erwerbstätigkeit benötigt wird – vgl. § 833 (lesen)!
204 vgl. *Creifelds*, S. 448 f.
205 *Frietsch/Taschner*, S. 18

Übersicht 11 (Teil 3):

Recht der unerlaubten Handlungen	
Sondertatbestände	
– § 823 Abs.2	*Voraussetzung:* Schädiger verstößt gegen ein Gesetz, das den Schutz des Geschädigten bezweckt (sog. Schutzgesetz, z. B. StGB, StVG, StVO . . .) – Verschulden auch erforderlich, wenn Schutzgesetz ohne Verschulden verwirklicht werden kann
– § 824	Kreditgefährdung
– § 825	Bestimmung zur Beiwohnung = sexueller Mißbrauch
– § 826	Sittenwidrige Schädigung *Voraussetzung:* Vorsätzliche Schädigung in einer gegen die guten Sitten verstoßenden Weise (*Bsp.:* Arglistige Täuschung eines Vertragspartners; Ausnutzung wirtschaftlicher Machtstellung)
– § 831	*Haftung des Geschäftsherrn für Verrichtungsgehilfen* *Voraussetzungen:* 1. Verrichtungsgehilfe (= weisungsgebundene Tätigkeit) 2. Tatbestandsmäßige und widerrechtliche (nicht: schuldhafte) unerlaubte Handlung des Verrichtungsgehilfen 3. in Ausübung der Verrichtung 4. Schaden (vgl. oben § 823 Abs. 1 Vorauss. 4) *Rechtsfolge:* Schadensersatz durch Geschäftsherrn für eigenes Verschulden, wenn nicht *Exkulpationsbeweis* nach Abs. 1 S. 2 (= kein Auswahl- und Überwachungsverschulden) gelingt
– § 832	Haftung des Aufsichtspflichtigen (für vermutetes Verschulden – Entlastungsbeweis möglich)
– §§ 833, 834	Haftung des Tierhalters bzw. des Tieraufsehers (Gefährdungshaftung bei »Luxustier«; sonst: Entlastungsbeweis möglich)
– §§ 836 –838	Haftung des Gebäudebesitzers bzw. des Gebäude-Unterhaltspflichtigen (für vermutetes Verschulden – Entlastungsbeweis möglich!)
– § 839 i. V. m. Art. 34 GG	Haftung von öffentlich-rechtlichen Körperschaften für Amtspflichtverletzungen ihrer Beamten
– Rechtsfolge aller Sondertatbestände: = Schadensersatz (Umfang: §§ 249 ff.)	
– Haftungsminderung, Haftungsausschluß: §§ 827, 828: Bewußtlose, Geisteskranke, Taubstumme, Minderjährige	
– Verjährung von Ansprüchen aus unerlaubter Handlung: § 852 = Drei Jahre	

ten regelmäßig aus: Da zwischen Hersteller und Verbraucher i.d.R. keine vertraglichen Beziehungen bestehen, scheiden Ansprüche eines durch die Mangelhaftigkeit (insbesondere durch Konstruktions-, Fabrikations-, Instruktions- und Produktionsbeobachtungsfehler) eines Produktes Geschädigten aus Gewährleistungsrecht oder »p.V.V.« aus.

Die Produzentenhaftung wird daher seit langem in Anlehnung an die anglo-amerikanische Rechtsprechung zur »products liability«[206] mit unterschiedlichen Begründungen aus den §§ 823 und 831 hergeleitet. Hierfür ist Verschulden Voraussetzung, wobei allerdings nach der Rechtsprechung[207] im Wege der Beweislastumkehr der Hersteller beweisen muß, daß ihn hinsichtlich des Produktfehlers kein Verschulden trifft.

Wenngleich sich die meisten Produkt-Schadensfälle mit der verschuldensabhängigen Produzentenhaftung nur schwer oder gar nicht lösen lassen, werden die hierzu entwickelten Grundsätze von der Rechtsprechung weiterentwickelt. Dies ist auch notwendig, da nur eine Haftung aus unerlaubter Handlung z.B. zu einem Schmerzensgeldanspruch (§ 847 BGB) führen kann. Um einen größtmöglichen Schutz des Verbrauchers zu erreichen, griff zusätzlich der Gesetzgeber ein: Aufgrund einer EG-(Rats-)Richtlinie vom 25. 7. 1985 zur »Angleichung der Rechts- und Verwaltungsvorschriften für fehlerhafte Produkte« (85/374/EWG) war er aufgerufen, bis August 1988 ein *Produkthaftungsgesetz* zu schaffen. Dieses trat nach einigen Verzögerungen als »Gesetz über die Haftung für fehlerhafte Produkte« (ProdHaftG) vom 15. 12. 1989 (BGBl. I 2198)[208] am 1. 1. 1990 in Kraft.

Es geht von dem Grundsatz der Verschuldenshaftung ab (vgl. § 1 Abs. 1 S. 1 ProdHaftG) und begründet eine Gefährdungshaftung des

206 Für Interessierte am anglo-amerikanischen Recht sei hier der Hinweis auf den klassischen Fall »*Donoghue* (*or M'Alister*) *versus Stevenson*« (1932!) erlaubt [u.a. zu finden bei *Kenneth Smith* & *Denis J. Keenan*, English Law; Pitmann Publishing, London, in der 1975 nachgedruckten 4. Auflage unter Nr. 354 auf S. 507], in dem das House of Lords darüber zu befinden hatte, wer für die (Schock-)Schäden zu haften hatte, die der Konsument erlitt, als er sich auf dem Grund der ordnungsgemäß verschlossenen dunkelglasigen »Ginger-Ale« (Bier)-Flasche nach deren Austrinken einer (zwangsläufig!) toten Schnecke gegenüber sah . . .

207 vgl. dazu das »berühmte« »Hühnerpest«-Urteil des BGH (= NJW 1969, S. 269 ff.)

208 vgl. dtv-Textausgabe BGB, Nr. 5b

Herstellers für fehlerhafte Produkte. Dadurch bringt das Produkthaftungsgesetz teilweise eine Verbesserung für den Verbraucher gegenüber der Verschuldenshaftung nach den §§ 823 ff. Diese behält aber weiter ihre Bedeutung, da das Produkthaftungsgesetz z.B. die Haftung bei Tod und Körperschäden auf einen Höchstbetrag begrenzt, bei Sachschäden eine Selbstbeteiligung des Geschädigten vorsieht, wie angedeutet kein Schmerzensgeld gewährt und die Ersatzansprüche zehn Jahre nach Inverkehrbringen des Produktes erlöschen läßt[209].

Da der Rahmen dieses Grundrisses einerseits begrenzt bleiben muß, andererseits die Produkthaftung im Bereich der Wirtschaft weiterhin an Bedeutung gewinnt, muß ich Interessenten[210] u.a. auf die im Literaturverzeichnis genannte Broschüre von *Stürmer/Koepke/Reischel* verweisen, die eine Vielzahl von weiterführenden Literaturhinweisen enthält, sowie auf die entsprechenden Passagen in der nachfolgend aufgeführten »Literatur zur Vertiefung«. Dort wird namentlich auf *Kötz* und *Fikentscher* verweisen, welcher unter der Rdnr. 1262 ein sehr gutes Prüfungsschema für Gutachten zu Produkthaftungs-Fällen anbietet.

f) Haftung für Umweltschäden

Große Bedeutung hat das Prinzip der Gefährdungshaftung nicht nur für die Produkthaftung, sondern auch im Recht des Umweltschutzes erlangt[211]. Das Umweltrecht steht grundsätzlich unter dem »Primat des Öffentlichen Rechts«: Die staatliche Abwehr von Umweltgefahren und die Gefahrenvorsorge werden überwiegend als ordnungsrechtliche Aufgaben gesehen, die mit den traditionellen Instrumentarien öffentlich-rechtlicher Ge- und Verbote, Erlaubnisvorbehalte, Sanktionsandrohungen (Bußgelder, Strafen) zu bewältigen seien[212].

Im Rahmen dieses Schuldrechtsgrundrisses soll dazu nur ein kurzer Hinweis auf das Umwelt*privatrecht* gegeben werden: Das Umweltprivatrecht hat mit seinen nachbarrechtlichen und anderen Abwehr- und Schadensersatzansprüchen (vgl. §§ 906, 907, 1004; 823; § 22 WHG) vornehmlich den Schutz der privatnützigen Interessen des einzelnen

209 vgl. *Köhler*, Helmut, »Einführung« zum dtv-Gesetzestext BGB, 34. Aufl. 1993, S. XXV

210 Die »Produkthaftung« ist ein beliebtes Diplomarbeitsthema von Wirtschaftswissenschaftlern!

211 vgl. *Kötz*, Rdnr. 353

212 *Schimikowski*, Rdnr. 2

auf dessen Initiative hin zu wahren[213]. Die genannten nachbarrechtlichen Bestimmungen und deliktischen Anspruchstatbestände ebenso wie die *(eben unter d)* erwähnten Gefährdungshaftungstatbestände bieten bei Umweltschäden allesamt keine befriedigende haftungsrechtliche Handhabe[214]. Neben diesen Regelungen trat daher mittlerweile das *Umwelthaftungsgesetz* (UmweltHG) vom 10. 12. 1990 (BGBl. I, 2634) in Kraft, das demjenigen einen Schadenersatzanspruch gewährt, der durch Umwelteinwirkungen – wie Stoffe, Erschütterungen, Geräusche oder andere Einwirkungen, die sich über die Umweltmedien Boden, Luft und Wasser ausgebreitet haben – eine Verletzung von Leben, Körper und Gesundheit oder einen Sachschaden erlitten hat[215]. Für diese Schäden begründet das Umwelthaftungsgesetz eine Gefährdungshaftung des Betreibers bestimmter umweltbelastender *Anlagen.* Besondere Bedeutung kommt daher hier der Beweislast zu: Ist eine Anlage nach den Umständen des Einzelfalles geeignet, den entstandenen Schaden zu verursachen, wird grundsätzlich vermutet (§ 6 Abs. 1 S. 1 UmweltHG), daß der Schaden durch diese Anlage verursacht ist[216]. Diese sogenannte »Vermutungsklausel« soll die regelmäßig bestehende Beweisnot des Geschädigten erleichtern.[217]

213 *Storm*, Peter-Christoph, Art. Umweltrecht, in HAR, Bd. II, Sp. 914
214 vgl. *Schimikowski*, Rdnr. 7
215 *Kötz*, a.a.O., S. 131
216 vgl. *Köhler*, a.a.O. (Fn. 209), S. XXVII
217 Näheres zur »Haftung für Umweltrisiken« finden Sie im gleichnamigen Buch von *Schiminkowski* mit einer Vielzahl von Hinweisen auf weiterführende Spezialliteratur.

5. Ersatz von Drittschäden

Im Deliktsrecht ist Geschädigter und damit grundsätzlich[218] allein Ersatzberechtigter derjenige, dessen Rechte, Rechtsgüter oder ggf. auch Vermögen durch eine unerlaubte Handlung verletzt worden sind.

Schadensersatz als Folge eines (leistungs-)gestörten Vertrages kann grundsätzlich nur der Vertragspartner bzw. beim Vertrag zugunsten Dritter (oder mit Schutzwirkung für Dritte) der Begünstigte verlangen.

Allgemein gilt im Schadenersatzrecht der »Grundsatz der Subjektbezogenheit des Schadens«: Verletzter und Geschädigter müssen dieselbe Person sein; trifft der Schaden eine andere Person als den Verletzten, kann der Geschädigte mangels einer Anspruchsgrundlage regelmäßig keinen Ersatz verlangen[219].

Von diesem Grundsatz wird durch das Rechtsinstitut der sog. *Drittschadensliquidation* eine Ausnahme gemacht. Die Drittschadensliquidation wurde von der Rechtsprechung und Lehre zur Regelung des unbefriedigenden Zustandes geschaffen, bei dem jemand einen Anspruch gegen einen Schädiger hat, ohne selbst einen Schaden zu haben. Der Schaden liegt *zufällig* bei einem Dritten, der jedoch keinen Anspruch gegen den Schädiger hat. Die Geltendmachung eines Anspruchs im Wege der Drittschadensliquidation hat (»prüfungssystematisch geordnet«) *vier Voraussetzungen:*

(1) Anspruch gegen den Schädiger, (2) zufällige Schadensverlagerung vom Anspruchsinhaber auf den Geschädigten (wobei der Schädiger damit rechnen konnte oder mußte, daß dieser Schaden beim Anspruchsinhaber eintritt), (3) Geschädigter hat keinen Anspruch gegen Schädiger und (4) zwischen Geschädigtem und Anspruchsinhaber muß eine Interessenverknüpfung bestehen!

Dazu folgendes *Beispiel:*

218 gesetzliche Ausnahmen: §§ 844, 845!
219 vgl. *Deutsch,* Rdnr. 425

Übungsfall 21	
K bestellt bei V Ware. V übergibt die Ware vereinbarungsgemäß dem T zum Transport. Während des Transports verschwindet die Ware spurlos, weil T vergessen hat, die Plane des Lastwagens richtig zu befestigen. V verlangt von K zu Recht Bezahlung der Ware. Kann K von T Schadensersatz verlangen?	

Die Situation bei der Drittschadensliquidation verdeutlichen wir uns anhand einer Skizze:

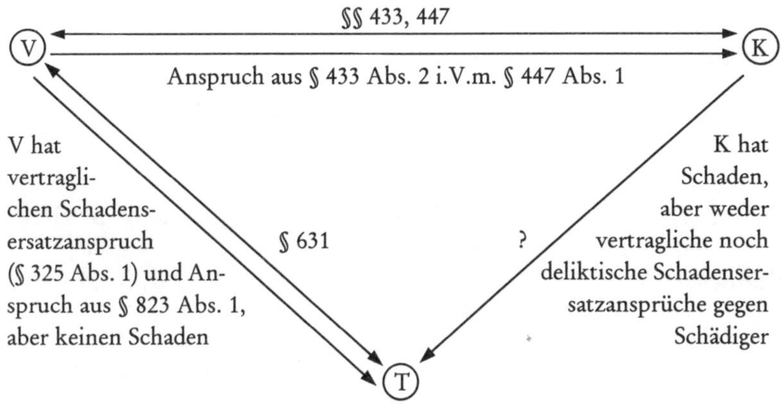

V hat gegen T einen Schadensersatzanspruch aus dem Transportvertrag [*überlegen Sie welchen, bevor Sie in der Fußnote nachlesen*[220]] und aus § 823 Abs. 1 [*warum?*[221]], ohne selbst einen Schaden zu haben, da er nach Aushändigung der Ware an T wegen Übergangs der Preisgefahr auf K gem. § 447 Abs. 1 seinen Anspruch auf Bezahlung des Kaufpreises aus § 433 Abs. 2 behält. K muß also zahlen, ohne die Waren zu erhalten. Der Schaden verlagert sich daher aus der Sicht des T *zufällig* von seinem Vertragspartner V auf K. Zwischen K und T bestehen keine vertraglichen Beziehungen, und da K das Eigentum an der Ware noch nicht erlangt hat, hat er auch keinen Anspruch aus § 823 Abs. 1.

Aufgrund des Kaufvertragsabschlusses bestand zwischen dem geschädigten K und dem Anspruchsinhaber auch eine Interessenver-

220 § 325 Abs. 1!
221 Weil die Ware beim Verlust (vor Übergabe an K) noch im Eigentum des V stand!

knüpfung. Somit sind die Voraussetzungen für die Drittschadensliquidation erfüllt. Rechtsfolge ist, daß V den Schaden des K bei T geltend machen kann und diesen Anspruch dann nach § 281 Abs. 1 (i.V.m. § 275 Abs. 1) als »stellvertretendes commodum« für die untergegangene Ware abtreten muß. Aufgrund dieses »Tricks«[222] kann K mit dem abgetretenen Anspruch Schadensersatz von T verlangen.

Literatur zur Vertiefung:

Alpmann und Schmidt	Schuldrecht, BT 4, S. 69–90
Bähr	§ 15 I
Brox	Bes. SchR, §§ 36, 37
Deutsch	Jura 1983, S. 617 ff.
Ehmann/Breitfeld	Der mißglückte Vasenkauf; Jura 1992, S. 539 ff. (Klausur)
Fikentscher	§ 103 IV, Rdnr. 1240–1262; § 50 II, (vor) Rdnr. 462–474
Klunzinger	§ 57
Kötz	D, V, Rdnr. 333–373, VII, Rdnr. 433–478
Leßmann	JA 1988, S. 57 ff. u. 237 ff.
Medicus, BR	§ 33 IV, Rdnr. 834–847b
Musielak	§ 8 IV

222 vgl. *Medicus*, BR, Rdnr. 838

Paragraphenregister

Sachregister

V